Pourquoi les "Aliens" sont des Abrutis,

...du moins, des Salauds.

Traité de démonstration scientifique et philosophique
sur
les "Non Semblables aux HumainsTerriens" (NSHT)
(« *Non Official Earthling Human Being* » -NOEHB-)

Par **Laurent A.C. GRANIER**
Maître-Philosophe, Théoricien

« **Pourquoi les « Aliens » sont des Abrutis** »
a été écrit et pensé
par Laurent A. C. GRANIER.
L'œuvre écrite est protégée par les lois de la Convention de Berne au sujet de la propriété intellectuelle.

Tous les droits sont réservés et exclusifs sur la totalité ou quelque partie du texte, dans n'importe quelle langue, sur l'histoire et sur l'idée, quel que soit le support ou l'adaptation.

This book has been written by Laurent GRANIER.
Work protected by Bern Convention Laws about Intellectual Property.
All rights reserved and exclusive for a part or the entire text, in any language, for the story and for the idea.

The Cocker Publisher.

www.thecockerpublisher.com

For toute commande, commentaire ou dédicace :

contact@thecockerpublisher.com

Copyright © 2016 Laurent A.C. GRANIER.

All rights reserved.

ISBN: 978-2-9515070-6-7

ISBN-13: 9782951507067

Sommaire

Prologue 7

Les « Aliens » 13

Les crashs d'OVNI 21

Les mutilations 31

Les enlèvements et les études biologiques 37

Les supposées technologies « Aliens » 43

Les Chemtrails 49

Les vols de mouches 57

L'entente et les partenariats avec les USA 61

Morphologie, physiologie et physionomie de cette espèce d'« Aliens » 73

Les bases souterraines de cette espèce d'« Aliens » 81

Les évolutions 87

Ce que je sais de leur technologie 95

La théorie de la Vie extra-terrestre 107

Mythes et Légendes 111
    Rapa Nui, l'« île de Pâques » 112
    Les Pyramides égyptiennes 114

Les desseins inanimés des « Aliens » 117

Le voyage temporel 127

Les évolutions technologiques et leurs problèmes et limites 135

Les organismes Supra-gouvernementaux 149

L'absolue nécessité de conserver secrète toute information relative à l'existence des « Aliens » 157

Prologue

Les extraterrestres sont des abrutis.

L'évolution technologique ne confère aucune propension à l'intelligence, et encore moins à l'intégrité, aux notions de justice et d'équité.
C'est déjà vrai avec le règne animal terrestre, bien avantageusement prouvé par l'Homme.
Aussi, pourquoi donc, les « Aliens » échapperaient-ils à cette règle qui semble s'aventurer depuis la Nature elle-même.
Les « Aliens », qu'ils soient extra-terrestres ou non, font partie de la Nature, car la Nature est relative à l'Univers, et ne se cantonne seulement pas à l'environnement de la planète Terre.

L'Homme a évolué depuis des millénaires, et spécialement depuis plus d'un siècle, et dès lors, avec une vitesse exponentielle.

Le Monde évolue de plus en plus vite, et dans de plus en plus nombreux champs et domaines.

L'Homme a évolué dans ses capacités techniques, scientifiques et technologiques.

Son savoir semble s'être accru, mais sa qualité, celle de son être, ne s'est guère améliorée. Il y a toujours autant de guerres de par le monde, voire davantage, d'années en années, et toujours aussi atroces qu'auparavant, toujours en quête de nouveaux « outils » plus efficaces.

Si elles ne sont des guerres ouvertes, elles sont souterraines, malicieuses, pernicieuses, comme l'incrustation de sentiments d'insécurité entretenus par des menaces sombres et multi talentueuses, venant du terrorisme ou non.

L'évolution technologique est passée par là aussi.

Et quand ce ne sont pas des guerres d'ordre militaire, elles le sont économiques.

L'Humanité n'est pas devenue plus sage, bien au contraire, l'appétence déjà nourrie de l'avidité atavique pour la richesse, s'est décuplée au vu de nouvelles découvertes dessinant de nouveaux « El Dorado », créant de nouvelles nécessités et justifications de devenir encore plus riche, et ce, afin de pouvoir se payer les derniers gadgets à la mode.

Ces travers, exacerbés au fil du temps et de notre évolution technologique, qui semblent avoir raison et la raison de nous, auraient-ils disparu dans les espèces encore plus évoluées comme celles des « Aliens » ?

Une disparition, en effet, et non une absence originelle, car, le fait que ces êtres aient comme lointains aïeux des personnes exemptes de tares, semble improbable.

Par convention et facilité de démonstration, je nomme "Alien", toute espèce consciente, intelligente et évoluée, mais non humaine, donc, par essence, qui proviendrait hors de notre planète, et qui serait déclarée alors comme "Extra-Terrestre".
Utiliser ce dernier terme serait réducteur, car nous ne savons pas si certaines de ces espèces que nous considérons comme telles puisque non répertoriées, non officialisées, et donc non définies exactement, pourraient être résidentes de notre planète depuis quelques périodes de temps, ce qui les feraient alors considérer comme des Terriens, du moins des terrestres, et, par conséquent, des non extraterrestres.
Il se lèverait alors dans ce type de considération, le problème récurrent de définition et d'appartenance par rapport au temps passé, au lieu de naissance, et non plus par l'espèce originelle.
Un récurrent problème déjà avec les immigrés terrestres des races humaines...

Donc, en employant le terme "Alien", cela concerne autant les espèces conscientes, intelligentes et évoluées, non humaines extra-terrestres, que celles déjà présentes et résidentes de la planète, non humaine mais terrestre, donc de l'Univers.

Il est intéressant de noter en ce point d'« extra-terrestre », de quelque rapport qu'il soit (organisme vivant, matériel, véhicule, objet, etc.), le problème de réflexion réduite de l'Homme, puisqu'il considère son petit univers, son personnel petit univers en celui de la Terre. Il distingue donc, autant qu'il s'exclut, lui et sa planète du reste de l'Univers. C'est déjà une erreur fondamentale d'appréciation et de considération, une démonstration de sa petitesse de pensée, ce qui constitue, dès le départ, un handicap de problématique d'assimilation, d'intégration et de compréhension avec toutes les autres espèces de l'Univers.

Et de l'Univers lui-même.

Un facteur rédhibitoire pour une entrevue de paix et de dialogue.

Rien n'est bien neuf, puisqu'il tient la même attitude envers les autres espèces de sa planète, et même envers les autres races de sa propre espèce.

C'est dire le chemin ardu qu'il y a à faire pour concevoir un partenariat interplanétaires, ou du moins, une entente intergalactique.

Pour finir dans ce champ de discussion, il serait plus judicieux, si tant est que l'Homme ait besoin de se définir un périmètre de propriété ou de territoire, qu'il se considère du moins comme un habitant de sa galaxie, et non uniquement de sa petite planète bleue.

Ainsi donc, nous parlerions enfin d'existences extra-galactiques, plutôt que d'extra-terrestres.

Et bien sûr, nous pourrions réduire notre appartenance territoriale à simplement notre système solaire.

Voilà pour le genre humain habitant la planète Terre.

Car, il peut y avoir sur d'autres planètes, des humains, ou plus précisément, des individus appartenant à l'espèce humaine, à la même espèce humaine que celle terrestre.
Si ce n'est par leur origine commune possible, du moins par leur similarité biologique, une sorte de regroupement familial scientifique tel que nous le faisons déjà quand nous trouvons des organismes similaires, ou quasiment, aux quatre coins du globe.
Si tant est qu'un globe présente des angles...

Plaisanterie passée, par convention, cette approche analytique part du postulat de l'existence de ces « Aliens », ces "habitants" d'« OVNI », et de toute disposition biologique donnant lieu à un organisme, venant d'un autre monde que le nôtre, pas spécialement terrestre, mais simplement inconnu (officiellement) de nos jours, et qui sont différents de nous autres humains terriens, et qui ne seraient pas parfaitement nos « semblables ».
Parmi cette liste d'espèces, parmi les humanoïdes, nous avons même à nous différencier des êtres qui seraient sur le plan biologique, parfaitement comme nous, mais dont l'origine ne serait ni de notre planète, ou de nos civilisation terrestres connues, et

ce, du moins pour l'instant et pour une certaine période de contact avec ceux-ci, vu que leur état d'esprit n'est pas assimilable comme groupe interne au nôtre, et réciproquement, tant dans nos expériences, nos vécus, nos Histoires.

Nous pourrions les appeler, par exemple, « Non Semblables », ou plus précisément, des « NSHTO », pour « Non Semblables aux Humains Terriens Officiels»,
ou en anglais, « Unlike Official Earthling Human Being » (UOEHB), ou « Unfellow... », ou « Non Official Earthling Human Being » (NOEHB), ou même Non Tellurian Human Being » (NTHB)...

Pour ma part, j'aime bien l'appellation « NOEH » (sans le « B »), à la fois symbolique de notre Histoire commune, et surtout prononçable phonétiquement...

Quant aux plus sceptiques, suspicieux à souhait, bassement « neuronés », qui cherchent éternellement à contredire puérilement ce qui ne leur plaît pas, cette analyse ne restera que sur la gamme des théories.

Une théorie restant ce qu'elle est, elle ne peut être ignorée au point de ne pas être discutée.

Quant à la probabilité de l'existence d'« Aliens », cela ne serait pas scientifiquement honnête de déclarer qu'il n'y a qu'une exception de présence de vie dans tout l'Univers.

Les « Aliens »

Venons en désormais au sujet de notre discussion, les "Aliens".
Les « Aliens » et leur supposées technologies avancées. « Supposées » est le mot juste. Mais, je reviendrai sur ce point..

Les personnes qui croient en l'existence des « Aliens » partent de leur propre évidence de la parallèle gémellité de progression de l'intelligence avec l'outillage technologique utilisé.
C'est une erreur manifeste.

En effet, en prenant un exemple concret tel que l'Homme, il n'y a personne sur Terre qui connaît les mécanismes, les mécaniques, les fonctionnements, et même les fonctionnalités et les programmations informatiques et électroniques de tous les objets dont il se sert. Si intelligent soit-il.

Il y a déjà une majeure quantité de ces êtres qui utilise des automobiles sans savoir comment fonctionne un quelconque moteur à combustion.

Alors, en ce qui concerne l'électronique embarquée, encore plus d'ignares.

Déjà, les professionnels n'y comprennent guère, ayant besoin d'un ordinateur pour recourir au diagnostic des pannes rencontrées. Et quand ils y connaissent, ce n'est que dans une spécificité, et non sur l'entier véhicule.

Même les concepteurs, les programmeurs informaticiens de ces modules électroniques se trouvent face à des problèmes qu'ils ont du mal à cerner, et en viennent à faire changer la pièce sans savoir le pourquoi du comment de la cause de la défectuosité.

Alors, vous pensez bien qu'en ce qui concerne simplement l'alimentation hydrocarbure de son véhicule, le quidam n'en connaît pas le schéma chimique, de son circuit industriel et commercial jusqu'à sa transformation thermique et énergétique en le moteur à explosion.

De même, les personnes qui utilisent un ordinateur, ou un téléviseur, qu'il soit à tube cathodique, plasma, LCD ou LED, en savent encore moins.

Vu les fulgurantes évolutions et étendues technologiques que nous connaissons à présent, il est de plus en plus impossible de tout savoir, de tout connaître.

Alors, il est évident que personne ne puisse maîtriser intellectuellement tout ce qui l'entoure, c'est-a-dire, au niveau de l'intelligence du fonctionnement total des machines et le pourquoi du comment des objets.

Il serait donc aberrant de reconnaître que tout humain utilisant une technologie, et encore plus si elle est de pointe, est intelligent, et, est au dessus de tous les autres, que cela soit au plan de son espèce, de sa race, ou des autres espèces.

Sa seule vantardise pourrait provenir du fait qu'il a la capacité, ou du moins parvient à les utiliser.

Mais, combien sont-ils à maîtriser parfaitement et dans leur entièreté quelques technologies dont ils se servent ?!

Quasiment aucun.

Déjà, au niveau d'un logiciel, tellement multiple et complexe, personne ne peut l'envisager dans sa globalité et sa précision, quant bien même au regard de toutes les capacités et possibilités qu'il offre.

Même son concepteur ne le peut, puisqu'ils sont plusieurs à l'avoir réalisé...

De plus, on ne peut parler de maîtrise dès la conception, puisque leurs géniteurs découvrent des « bugs » après leurs commercialisations, leurs utilisations, et en sont rendus à les faire évoluer en permanence, tous ces problèmes émergeant ultérieurement, en dépit des nombreux tests effectués au préalable, et qui avaient pour raison de détecter, de déceler toute anomalie, et ce, en phase de confrontation avec toutes les éventualités de possibles situations.

La perfection n'est donc pas de leur Monde, aussi, nous ne pouvons parler de « maîtrise »...

Il est donc évident qu'il serait aberrant de considérer tous les humains vivant dans le monde technologique, dit civilisé, comme des êtres intelligents, et ce, juste par leur apparente faculté relative à l'usage d'objets dotés de technologies.
Je parle bien de faculté, et non de capacité.

Seuls ceux qui les ont développés, et encore, chacun d'eux pour leur part, puisque tout objet est l'œuvre de plusieurs, peuvent se targuer de cette évaluation de l'intellect.

Oui, il n'est point besoin d'être intelligent pour se servir d'un objet technologique.
Des expériences avec des animaux démontrent leur aptitude à utiliser des objets qui leur sont étrangers, dès lors qu'on s'est pris la peine de les éduquer à cette nouvelle compétence.
En sus, ils parviennent à trouver par eux-mêmes des solutions, le mode d'emploi, notamment face à des besoins basiques, comme celui de se nourrir.
Exactement comme pour le genre humain.

Mon explication est d'autant plus vraie, démontrée par la condition inversement progressive de la nécessité de capacité d'intelligence par rapport à un objet évolutif, puisque, plus on maîtrise la conception, plus un objet évolue, plus son utilisation est simple, ou du moins est simplifiée, puisque, à la base, une invention est faite pour améliorer la vie, pour la soulager, pour la simplifier.

La vie est faite de tâches.
L'innovation n'est que la simplification de la tâche jusqu'à son anéantissement, c'est-à-dire, sa résolution automatique, et même en son mépris, son ignorance d'être, et d'avoir été.

Donc, plus un objet est évolué, plus sa demande d'intelligence pour l'utiliser est faible.

L'évolution d'un produit passe par la réduction des contraintes, des obligations, de son contrôle, et cela passe par sa compréhension facilitée de fonctionnement et d'utilisation. Proportionnellement.

La preuve en est par le fait que des personnes âgées, ou des peuplades reculées, ou des enfants, savent se servir rapidement de tout objet technologique, comme un smartphone ou ordinateur, dès qu'ils en ont l'usage.
L'apprentissage se fait rapidement, et est appuyé, la plupart du temps, par la mise au point et la réalisation de produits intuitifs. Ils ont été conçus intelligemment, c'est-a-dire, d'une manière logique, qui est dictée par la logique, un mode de pensée universel, et sans nécessité ni d'études scientifiques, ni de savoir pour assimiler la compréhension.

Ainsi donc, nous pouvons partir sur le principe que les « Aliens » ne sont pas intelligents, qu'ils n'en ont même ni la nécessité, ni le besoin, sauf quelques uns, et qu'ils sont même peut-être stupides, abrutis, cons. Une éventualité qui sera de plus en plus évidente au cours de la présente analyse.

Il est à noter qu'ils peuvent avoir des connaissances scientifiques et techniques, et être de gros connards, d'éminents minables.
Je peux aisément m'aider de la nature de l'Homme pour attester de la véracité de cet apparent paradoxe.
Par exemple, la plupart des scientifiques et des "savants" sont médiocres, stupides, vils, abrutis, malhonnêtes, de mauvaise foi, égocentriques, orgueilleux, déjà en leur milieu professionnel, et/ou en dehors de leur spécialité...

Par ailleurs, dès le début de ce chapitre, nous avons abordé l'analyse sous un angle de l'hypothétique postulat, de la concomitance de progression de l'intelligence avec l'outillage technologique utilisé.

En sus de ce navrant point essentiel où le quidam fait l'amalgame de l'intelligence et de la connaissance, il fera l'erreur confusionnelle d'estimer et de considérer une personne au regard de ses diplômes.

Or, un ordinateur peut contenir, posséder un savoir un million de fois plus important qu'un être humain, cependant, cela n'en fera jamais un exemple d'intelligence, ni même une machine intelligente.

A l'instar d'une bibliothèque qui contient beaucoup de connaissances, de données, mais qui n'est pas apte à assimiler, voire à prélever, et par dessus tout, à délivrer une forme d'intelligence, une personne peut retenir énormément de savoir, mais ne pas avoir l'aptitude à le mettre en pratique. Et cette faculté est l'intelligence.

La capacité peut s'acquérir, pas la faculté.
La connaissance peut s'apprendre, pas l'intelligence.
La véritable intelligence est détectable car elle est une faculté qui s'adapte, pour celui qui la possède, à toute situation, tout domaine.

Et bien évidemment, il y a la fausse intelligence. En sus de celle qui est la confusion d'avec la connaissance, il y a celle qui ne fournit qu'une propension à la réflexion en une seule spécialité.

Pour en revenir à ce dernier point, ces mêmes quidams, voire davantage, commettent le même type de bévue intellectuelle en assimilant l'intelligence avec la sagesse.
Cela n'a rien à voir.

Un « être » peut être intelligent, et n'avoir aucune notion de discernement, et encore moins, de nature à la réflexion philosophique, je veux dire, de mise en adéquation des qualités d'intégrité, d'équité, d'équilibre, de justesse et de justice.

Bien au contraire, une certaine forme d'intelligence évoluée se tournera systématiquement vers le pragmatisme, une recherche d'efficacité qui le fera agir pour le meilleur de ses propres intérêts, faisant fi de ces notions d'intégrité, d'équité, d'équilibre, de justesse et de justice, évidemment au détriment d'autrui, car, elles sont, à la fois, non productives, et « contre-indiquées ».

Ces valeurs morales sont, à la fois, au delà et en dehors du phénomène de l'intelligence, voire inexistantes sous certaines considérations, et absolument indépendantes et distinctes.

Ainsi, les « Aliens » peuvent avoir une technologie extrêmement avancée, je veux dire par rapport à nous autres humains terriens, et être l'un ou l'autre, abrutis, ou, mauvais.
Voire les deux, comme nous autres humains terriens, comme nous le sommes déjà par rapport à d'autres civilisations terrestres, en l'heure actuelle.

Une bonne analyse porte sur de bonnes réponses, mais, avant leur énoncé, il faut poser les bonnes interrogations.

La présente analyse est portée essentiellement par les bonnes questions, qui enclenchent sur de nouvelles et ouvertes propositions.

Les crashs d'OVNI

Avant toute chose, nous avons à faire une mise au point sémantique quant l'appellation acronymique « OVNI ».

Elle est à la fois réductrice, et trop généraliste.
Peu, voire pas du tout scientifique.

En effet, elle est uniquement propre à son observateur, et ce n'est qu'une qualification de « NON identifié » uniquement parce que le témoin ne le connaît pas, ou simplement ne le reconnaît pas, et ce, au regard de ses seules propres et limitées connaissances.

De toute évidence, ceux qui connaissent l'existence de ce type d'engin, ne l'appelleront pas « OVNI », or, tous deux, l'ignare et l'affranchi parleront de la même chose, du même objet.

A l'identique problème du terme « Extra-Terrestre » dont nous avons démontré sa définition comme autant fausse que fallacieuse, et donc non approprié en une approche scientifique, celui d'« OVNI » devrait être oublié, pour être remplacé par un terme plus favorable à l'ouverture d'esprit scientifique.

Comme il peut y avoir des « OVNI » de construction d'origine humaine terrienne... Et donc connus, identifiés de certains.

Mais, pour l'heure, venons en à notre point de chapitre.

Les crashs d'« OVNI » demeurent des mystères.

Mais, il en est un encore plus aberrant:

Personne ne s'est interrogé sur leur nombre, je veux dire, sur la nature de leur nombre.

Certes, un crash est une bonne nouvelle pour les ufologues, puisqu'il donne davantage d'informations, de preuves sur l'existence des « Aliens ».

Et il est encore une meilleure nouvelle pour les militaires, qui prélèvent gracieusement une technologie en avance sur leurs ennemis, ceux de notre Monde, et ce, dans le seul but de l'utiliser à leurs fins de désirs belliqueux, le plus souvent paranoïaques, médiocres, et inappropriés

C'est, en revanche, une moins bonne nouvelle pour les « Aliens » en général, et une encore moins bonne pour celui ou ceux qui se trouvaient dans l'engin, non plus volant, mais qui volait.

S'il n'est pas décédé, l'occupant retrouvé sera « charcuté », et en proie à des expériences appelées pudiquement « scientifiques », par des salopards qui se prétendent « chercheurs », alors qu'ils ne sont que des ignares, des charognards et des opportunistes.
Nous reviendrons sur ce point ultérieurement.

Passée la déplacée « réjouissance » de la nouvelle d'un crash, il est étonnant de remarquer leurs fréquences, et leurs lieux géographiques.
Certes, ce dernier point est évident puisqu'il s'agit d'un véhicule...

Mais, surtout, notre étonnement devrait se porter essentiellement sur leur nombre.

Sans se mélanger dans les chiffres des nombreux paramètres concernant les statistiques des crashs d'avions, donc, en ne prenant pas en considération, ni le nombre de personnes embarquées, ni celles blessées ou mortes, ni même les heures de vols, mais uniquement et pragmatiquement, le nombre de vols, qu'importe les durées et la nature de leur transport, il ressortirait environ une moyenne d'une trentaine de crashs annuellement, et ce, depuis 1960, le début de transport de passagers de masse, et ce, au regard, pour 2016, d'une quantité de plus de 30 millions de vols.
Le ratio du nombre d'accidents par rapport au nombre de vols diminue d'année en année.

Nous prendrons les statistiques des cinq dernières années, qui sont progressivement les plus basses, et donc, qui nous donneront une statistique d'évolution positive, plus à même d'être comparée à celles des vols d'engins technologiquement avancé tels que le seraient les « OVNI ».

Prenons simplement l'exemple de « nos » vols d'avions, la moyenne du nombre annuel de crashs n'étant question que de vols civils commerciaux, et donc excluant ceux privés et ceux militaires.

Nous avons différentes façons d'évaluer, selon les statistiques prises en considération.
En voilà deux.

D'un côté, nous avons une moyenne de 10 accidents par million de vols, alors que d'autres chiffres suggèrent, selon certains différents paramètres, une évaluation d'un accident pour 2,5 millions de vols.

D'un autre, nous avons la probabilité pour chaque passager de mourir au cours d'un trajet en avion, d'un sur 138 000 en 1970, et d'un sur 2.349.000 en 2014, « probabilité de mourir » étant synonyme d'accident, considéré alors comme systématiquement fatal.

Pour être plus proche d'une probable réalité, avec une basse, nous prendrons, ne serait-ce que celle de 1970 et celle de 2014 pour obtenir une fourchette basse et haute.

Si nous prenons en compte les premières statistiques, nous avons cette fourchette de pourcentage, qui est déjà faible, d'entre 10 crashs par million et un par 2,5 millions, et si, nous l'appliquons au fait que nous observons environ un crash d'« OVNI » par décennie, cela reviendrait au fait qu'il y aurait entre 100.000 et 2.500.000 vols d'« OVNI » par décennie, soit environ, une large fourchette allant de 10.000 à 250.000 annuellement.

Et, si nous prenons en compte les probabilités du second mode d'évaluation, et que nous l'appliquons au fait que nous avons environ, un crash d'« OVNI » par décennie, cela reviendrait au fait qu'il y aurait entre 138.000 et 2.349.000 vols d'« OVNI » par décennie, soit environ, une large fourchette allant de 13.000 à 230.000 annuellement.

Nous observons un résultat, somme toute, égal, d'au moins une dizaine de mille de visites annuellement.
Mais, par où passent-ils ?

Et ce, en utilisant un pourcentage basé sur notre compétence technologique de réduction des aléas, alors que leur avancée technologique présuppose que ce pourcentage serait plus faible que le nôtre, ce qui augmenterait proportionnellement le nombre de vols et de temps de vols...

Mais, cela n'est toujours pas le plus surprenant.

C'est plutôt le nombre élevé de crashs d'engins, qui, d'une part, sont considérés sur le plan technologique, comme extrêmement évolués, et d'autre part, seraient pilotés par des personnes qui ne le seraient pas moins.

Or, ce dernier point ne peut être qu'une supposition, d'autant plus à retenir ainsi, et non plus comme une certitude, un acquis, notamment au regard de la démonstration précédente de la proportionnalité inversée de nécessité de connaissance et de compétence par rapport à l'usage de technologie davantage avancée...

Nous voyons donc que cette déférence est une réflexion spéculative fallacieusement logique, et que par conséquent, elle est fausse et ridicule.

Ainsi, il revient à estimer judicieusement que les pilotes de ces engins sont, soit stupides, soit incompétents, ou alors simplement, pas doués du tout.
Comme pour les humains, il y a de bons pilotes, et de moins bons.
Et comme pour les humains, il y a de bons conducteurs, et des mauvais.

Il semblerait que, soit leur technologie ait des failles, soit leur manière de piloter ait des lacunes.

Il est en ce point, à ajouter un recadrage intellectuel.
En effet, notre petite pensée d'infériorité scientifique nous crée la confusion et l'illusion selon

laquelle nous croyons qu'une si grande évolution technologique confère à leurs détenteurs, une maîtrise absolue des aléas, et des esquives quant aux accidents.

Comme si les peuplades terriennes reculées, pensaient que nous autres, occidentaux, nous savons maîtriser tout ce qui nous entoure, ce, au regard de notre niveau élevé de technologie, niveau très élevé par rapport au leur... Or, nous ne savons toujours pas maîtriser les aléas, puisqu'ils sont toujours présents, la technologie nous servant seulement à parer leurs conséquences.

Bref, il y a trop de crashs pour considérer le fait que les « Aliens », dans leur généralité, sont intelligents, et/ou ont des capacités parfaites de maîtrise.

Si nous écartons la possibilité d'un problème, d'une panne technique, il reste qu'un accident étant un accident, le hasard n'a pas été cerné par ceux-là.

Ainsi, la bonne question était :
« Comment des personnes si évoluées, personnellement, et technologiquement, n'ont-elles pas pu réduire à néant, ou du moins à quasiment zéro, le facteur accident "bête" ? »

Tout simplement parce qu'elles ne sont pas si évoluées que cela...

Ou alors, leur très haute technologie proviendrait en fait, notamment, en aucune façon de leur propre avancée en connaissance scientifique, mais simplement, en une récupération depuis une autre espèce plus évoluée, et dont il se servirait sans trop comprendre sa constitution et son fonctionnement, ni même comment l'entretenir ou la réparer.

Comme les humains avec leur automobile, comme les chercheurs et les membres des agences secrètes qui travaillent sur les « Black Projects », ils ne savent pas ce qu'ils ont réellement en leur mains.
Je parle autant de l'usage, que de l'opportunité d'y avoir eu accès.

Sans compter la possibilité que ces technologies aient pu avoir été dérobées, et/ou copiées par ces « Aliens ».
« Monkey see, Monkey do ».

Comme sur Terre, en cette période actuelle où l'espionnage industriel n'a jamais été aussi multiplexé... Et où des militaires utilisent des armes, des avions qu'ils ont acheté à des constructeurs étrangers d'une autre contrée.
Ces achats qui les font détenir et utiliser de la haute technologie, en font-ils des personnes intelligentes, ou une ethnie à proprement parlé évoluée technologiquement ?
Que nenni !

Cette dichotomique théorie expliquerait beaucoup de points illogiques d'apparence, et répondrait à certaines questions logiques fondamentales.

Quant à la possibilité, la probabilité de l'incident technologique, nous y reviendrons, puisqu'il n'est pas à exclure dans sa généralité, vu qu'il y eut des crashs d'« OVNI » sur Terre, bien avant la découverte de l'atome par l'Homme, et donc de ses essais nucléaires perturbateurs de champs électro-magnétiques.

Pour finir, il ne faut pas oublier un point crucial.
Nous avons l'atavique bêtise de considérer ces engins comme extra-ordinaires, uniquement parce qu'ils le sont par rapport à nos connaissances et à nos mises à disposition commerciales.
Mais, un engin spatial à ce supposé niveau d'évolution, est, sans doute, semblable à nos automobiles et l'usage dont nous en faisons, accessibles à tout le monde, pour un usage privé.
Ces « Aliens », semblent-ils peu doués pour la navigation spatiale, ne seraient que des conducteurs particuliers, des touristes, des voyageurs, des conducteurs du dimanche.

Quant au fait qu'il puisse y avoir des chauffards, voire des poivrots/shootés (ou similaires), pourquoi les espèces NOEH seraient exemptes de ces tares qui génèrent les abrutis, et les taches ?
Si nous reprenons nos statistiques officielles, l'origine humaine reste le premier facteur d'accident de nos avions...

Les mutilations

Nous avons à poser la bonne question, pour avoir une réponse, ou un début de réponse, ou du moins une compréhension du phénomène.
Il y a des "hic" dans ces sujets.

Avant tout, pourquoi retrouve-t-on ces corps mutilés, de plus, sur les lieux même de leur vie, de leur enlèvement ?
Pourquoi des corps mutilés, au point qu'ils ne pourront que susciter interrogations, incompréhensions et surtout vagues de rumeurs et de théories pouvant être néfastes et/ou nuisibles pour le bon déroulement de notre société, sont-ils laissés à la vue et à la découverte ?!
Les occultes agences des gouvernements sont habilitées et habituées à effacer toute trace, aussi, pourquoi ces corps ne sont-ils pas dissimulés, détruits, supprimés ?

Un corps non retrouvé ne suscite qu'un questionnement basique, classique et banal, d'une perte ou d'un vol, et pour ce dernier cas, principalement l'identité de son auteur. Le pourquoi étant connu.

Il ne résulte aucune théorie extravagante d'un cas isolé qui n'offre que la donnée simpliste de l'absence.

Alors, pourquoi laisser un tel cadavre ?

Et même plus absurde, si la bête a été préalablement enlevée pour subir ces prélèvements étrangement chirurgicaux, pourquoi la ramener, la rapporter ?!!!
De plus, sur le lieu même de son enlèvement, alors qu'il aurait été transporté dans un vaisseau, un véhicule, et donc, qu'il aurait pu être jeté dans n'importe quel lieu éloigné et sans rapport avec son origine.. Ou qu'il aurait pu être simplement déchargé en mer ou dans un lieu propice à être dévoré, ou simplement incinéré, par exemple dans un volcan en activité...

Pourquoi les auteurs de ces enlèvements laissent-ils des traces, des preuves de leurs actes ?
Parce qu'ils s'en moquent ?

En admettant que ceux-ci soient des « Aliens », pourquoi useraient-ils de telles pratiques ?

Pour leurs analyses biologiques, leurs recherches scientifiques ?

Si tel était le cas, nous avons un réel problème, presque un paradoxe, et une preuve de ce que j'avançais précédemment quant à mes doutes sur l'évidence de l'extraordinaire (par rapport à nous) intelligence, et même de l'avancée technologique des « Aliens ».

En effet, la grande question serait :
Comment une si grandement évoluée espèce, avec une si grande technologie, aurait-elle besoin de prélever un animal, et même d'y en découper des morceaux sans grand discernement scientifique, alors que nous autres terriens, arriérés, commençons à développer, à avoir et à utiliser une technologie qui nous épargne ces incongruités et ces sauvageries, comme l'usage du scanner et de la micro biopsie, et même en laboratoire, sans besoin d'animal, par l'étude et la culture des cellules souches, par exemple ?!

Donc, comme pour toute chose, une espèce peut être extrêmement évoluée dans un domaine, et très peu, dans un autre.
Cela est plausible puisque nous pouvons observer sur Terre, que nos plus grandes avancées sont de l'ordre du martial plutôt que du civil.

D'autre part, l'aspect de la biologie serait, pour ceux-là, une découverte. Comme s'ils découvraient une ancienne forme de vie, oubliée, faisant partie de leur très lointain passé...

Et donc qu'ils en n'auraient plus la technologie pour l'étudier.

Comme pour nous autres, humains, quand nous (re)trouvons un enregistrement quelconque sur un support oublié, tel que, par exemple, une bande magnétique d'une obsolète cassette « VHS », « Beta 2000 », ou autre, pour lequel il faudrait en ré-assimiler la compréhension du mécanisme, pour refabriquer son lecteur approprié, et ce, afin de la « lire ».

Comme pour nous autres, humains, quand nous nous retrouvons face à certains questionnements des usages et des techniques passées, oubliées car devenues obsolètes depuis des décennies, des siècles, au point que nous ne saurions réitérer la même réalisation avec nos outils sophistiqués.

En écrivant ceci, me vient l'idée inquiétante que ces « Aliens » disposeraient d'une technologie avancée, plus avancée que leurs capacités intellectuelles ne peuvent leur en faire comprendre le mécanisme originel, le but de sa conception, et qu'ils ne savent que l'utiliser à leurs fins personnelles.

Une technologie, et non une parfaite connaissance, qu'ils détiennent d'une autre espèce plus évoluée, leur ayant acheté, ou sans doute volé les objets et machines dont ils se servent, et dont ils n'ont pas les moyens intellectuels et/ou techniques de la faire évoluer, ni progresser, si ce n'est, peut-être, la capacité seule de la répliquer.

En bref, une très grande technologie entre les mains d'abrutis, de sales types armés de mauvaises consciences, voire de connards, en tout état de cause, d'individus sans scrupules et sans aucun respect pour la vie, et aucune compassion pour la souffrance causée.

En définitive, une sorte d'américains de l'Espace...

Les enlèvements et les études biologiques

Il est entendu que ces énergumènes sont évolués, plus évolués que nous, humains de la planète Terre, ou du moins plus évolués technologiquement, ou du moins, encore, ayant accès à une technologie supérieure à la nôtre.

Déjà, cela pose la question :
Sont-ils les inventeurs, les découvreurs de cette fabuleuse technologie, ou l'ont-ils dérobée à une autre espèce, ou même simplement l'ont-ils trouvée par hasard ?
Ce dernier point est non négligeable vu que nombre de découvertes de nous autres, humains terriens, que cela soit dans le domaine technologique, ou médical, ou simplement scientifique, est dû à ce « hasard », à ce que nous appellerions "Chance", « Coup de chance ».

Par ailleurs, les autres hypothèses selon le vol et l'emprunt, ne sont pas des pratiques étrangères à notre propre évolution.

D'une part, l'Humanité entière, toutes races et toutes espèces confondues, bénéficient de découvertes provenant essentiellement de la race dite "Caucasienne". Les autres les utilisent, profitant de l'aubaine de la commercialisation, sans savoir et avoir à savoir comment cela fonctionne.
Comme je l'ai déjà démontré, le fait d'utiliser ne fait pas d'eux, des génies, et ne constitue en aucune manière, une preuve de l'appartenance à une même confrérie, ethnie, civilisation, race, espèce, et même d'une même localisation géographique.

Et d'autre part, le vol des connaissances a toujours été pratiqué, depuis les temps anciens à ceux de l'industrie, de la culture des plantes à l'industrialisation des sciences; et depuis l'espionnage d'état à celui privé, en tous domaines, industriel, militaire, commercial, économique.

Ce point étant précisé, nous pouvons comprendre la réalité de ce paradoxe tendant à l'absurde, cette attitude étrange d'accéder et d'utiliser une technologie en avance, peu compréhensible pour la plus grande partie des humains de Terre, et parallèlement, ce besoin d'enlever des entités biologiques pour en prélever des parties charnelles importantes portant une issue fatale, alors que nous autres, en retard sur eux, du moins sur les moyens véhiculaires et de propulsion (mais l'avancée ne réside peut-être, principalement qu'en ce point), nous savons étudier des corps en utilisant des moyens et des modes non intrusifs, non dommageables, non destructifs, par déjà, les scanners.

Cette discussion vaut autant pour les enlèvements de personnes que pour les animaux retrouvés mutilés de cette manière absurde et exagérée, et surtout, morts.
Il est d'ailleurs important de se poser la question du fait si des humains n'auraient pas subi ce même funeste sort.
De la part d'abrutis, ou de connards, cela ne serait pas surprenant qu'ils ne nous considèrent pas distinctement d'une vache.
Après tout, nous sommes des animaux, et ce que nous croyons nous différencier des autres espèces terrestres par notre « super » intelligence, n'est qu'une auto-estime égocentrique.
Il est évident que notre niveau intellectuel semble être ridicule pour ces « Aliens », et donc nul et non avenu pour être appréciés et entrepris d'une manière plus délicate.

Il est évident que, s'ils nous jugent sur la globalité de ce qu'il se passe sur Terre, ils ont bien raison.
Le plus surprenant serait plutôt le contraire...

Pour l'heure, aucun signe n'a été vu comme quoi ils respecteraient la vie, sous quelque forme qu'elle soit.

Et puis, nous respecter, respecter la vie n'est que l'apanage de la noblesse de l'esprit, étant indépendante de l'intelligence.

Les « Aliens » peuvent être uniquement dotés, cérébralement et intellectuellement, que de cette dernière capacité...

Il est certain qu'il est possible que leur avance technologique ne soit orientée, et uniquement focalisée que sur un secteur scientifique précis, comme le mode de transport, de motion telle que l'antigravitation, ou les armes, qu'ils maîtriseraient parfaitement, et qu'à contrario, ils aient d'énormes lacunes autant en biologie qu'en outillage qui y est lié, comme la médicalisation. Des domaines, des champs de connaissances qui ne seraient restés en leur civilisation, que des approches, de vagues recherches inutiles pour leur société, pour leurs particuliers organismes, pour leur mode de vie, ou simplement, que d'obsolètes nécessités depuis qu'ils ont dépassé ce stade de problématiques, reléguées alors à leur passé oublié, du temps où ils n'avaient pas encore éradiqué ces gênes et ces tracas que la forme biologique cause et procure.

Comme s'ils découvraient les vies biologiques, les corps biologiques, comme s'ils n'étaient pas fait de ce « bois », de cette manière, de cette matière, de cette mécanique.

Cela expliquerait bien des points, comme leur incompréhension quant au préjudice d'autrui, la souffrance physique.

Cela ne serait plus de l'absence de compassion, mais de l'ignorance du mal causé et subi.

Une tare de leur espèce.

« Tare » pour ce qui sont dotés de cette conscience.

« Avantage » diraient les pragmatiques.

Ou plus simplement, pour les enlèvements comme pour les mutilations, puisqu'ils sont ostentatoires, leur raison ne serait, en réalité, qu'un leurre, un moyen de détournement de notre attention qui nous ferait chercher des réponses à des questions qui ne se posent pas.

Il faudrait alors, plutôt regarder sur l'environnement proche, ce qu'il y aurait de caché, et à cacher.

Quant au fait d'un canular, puisqu'il faut envisager cette probabilité dans tous les cas d'apparent « mystère », c'est bien la plaie du genre humain.

Cette frange d'abrutis causent davantage de brume dans un brouillard toujours conséquent, et ce, gratuitement. Une sale grave responsabilité offrant la meilleure des raisons qu'auraient ces « Aliens » de nous considérer si médiocres au point que nous ne mériterions pas mieux que d'être traités de la sorte, du bétail à abattre, si ce n'est que nous ne soyons pas non comestibles.

La question vient quant à l'alimentation, la nourriture nécessaire à ces « Aliens ».

Un bon steak de bœuf, et comme nous sommes de la viande aussi, animale...

Les supposées technologies « Aliens »

Plus on possède de connaissances, plus elles sont multiples et multidisciplinaires, et paradoxalement, plus le risque s'accentue d'oublier certaines rudimentaires, basiques, dépassées, ou simplement tacitement acquises comme un réflexe inconscient.

Par exemple, quand on observe notre faible niveau de connaissances par rapport à ce qui nous reste à apprendre, mais cependant, élevé par rapport au niveau zéro ou un de nos civilisations humaines, il est à admettre que nous, du moins le monde occidental, avons perdu certaines connaissances passées, que cela soit en le domaine de l'Histoire, qu'en celui des sciences, de certaines sciences, de certaines connaissances inutilisées, perdues car le mode de transmission fut de bouche à oreille, ou oubliées par leur lieu de rédaction, en quelques grimoires détruits, ou égarés dans quelconque sombre grenier, et même, dans un livre inconnu parmi tant d'autres ouvrages au sein d'une vaste bibliothèque.

De plus, la quantité de langues usitées sur Terre, passées et contemporaines, ne favorisent pas un inventaire exhaustif de toutes les connaissances inscrites sur papier.

Il est même certain, comme nous l'observons déjà, que notre nouvelle charmante technologie que sont les simples ordinateurs ou assimilés, tels que les assistances embarquées dans les véhicules, fera de nous des nabots intellectuels, ne sachant même plus faire une marche arrière pour se garer, vu qu'un système le fait déjà pour nous. Une assistance inutile, un gadget qui réduit, à la fois, nos capacités intellectuelles et physiques, fonctionnant de pair dans ce cas présent.

Nous observons facilement de nos jours, cette déficience de capacités, cette lacune d'estimation, d'évaluation et d'action, et cette perte pour ceux qui savaient le faire. Le navrant exemple se voit en les jeunes qui n'ont pas connu l'ancien monde où tout cet assistanat n'existait pas encore, et qui ne savent même pas faire un simple calcul mental.

Donc, oui, en évoluant, nous perdons, nous oublions des connaissances passées, qui sont devenues obsolètes, parce que devenues inutiles, ou simplement invisibles puisque, accomplies d'une manière occulte et tacite par des systèmes programmés, tel un réflexe, une automatisation.

Les technologies des « Aliens » sont certes plus évoluées que les nôtres, mais il n'est pas sûr que ceux-ci les maîtrisent toutes, et surtout qu'ils n'aient pas oublié celles dont nous, terriens, nous nous servons toujours, ou du moins, pour le moment, en attendant une plus évoluée qui nous fera oublier sa précédente.

Et puis, pour être précis, et selon les observations, pour l'heure, de ce que nous pouvons savoir d'eux, ce seraient plutôt que leurs fantastiques avancées sur les nôtres, seraient sur certaines technologies...

Il faut arrêter de penser que nécessairement, le futur est synonyme d'avancée, et que nos aïeux du passé lointain ou proche, n'étaient que des arriérés et/ou des sots.
Bien au contraire, avec peu de moyens mis à disposition, il faut être plutôt doué intellectuellement pour trouver des solutions et réaliser des pièces techniques.

Les africains, par exemple, ont préservé cet avantage sur l'occidental, de se débrouiller avec les moyens du bord, pour concevoir, fabriquer et même réparer. Le fait de n'avoir que très peu de moyens, autant techniques que financiers, les oblige à utiliser leur matière grise à bon escient.
En Afrique, les autochtones sont toujours intellectuellement dotés du fameux système « D », ce qui leur confère une certaine intelligence supérieure à la nôtre, quidams occidentaux.

Hormis le constat évident de l'avancée technologique en matière de transport, tant en la maîtrise et la domination de certaines contraintes physiques auxquelles nous, humains terriens, sommes toujours confrontés, il reste une question sur les autres technologies que posséderaient les « Aliens ».

La problématique de ce genre de discussion, en sus de sa stérilité puisque sans fondement ni observation, c'est de basculer dans le fantasme.

Ce fantasme est alimenté à la fois, par ce que nous espérerions qu'ils aient, surtout aux fins personnelles qu'elles puissent nous servir, gracieusement offertes bien entendu, toujours au nom de notre naïveté d'infériorité et de condescendance par procuration, et par le fait que toute connaissance ultra évoluée et surtout inconnue par son étendue, suppute la même propension tous azimuts scientifiques.

En ce second point, j'ai suffisamment démontré le ridicule de ce mode de pensée.

Il y a cependant une certitude quant à leur supériorité par rapport à nous, mais de quel niveau ?

De plus, il sont supérieurs, ils peuvent maîtriser, mais il est fort possible qu'ils n'en soient pas au niveau de la perfection, de l'ultime, c'est-à-dire, celui du contrôle absolu à 100% des effets indésirables et extérieurs.

Et, nous avons vu que ce n'est pas le cas, en effet, avec la constatation de crashs de leurs engins hautement technologiques...

Nous avons donc constaté qu'ils sont technologiquement avancés par rapport à nous, sur :
- les contraintes physiques et physiologiques des transports,
- les vols terrestres et extra-terrestres,
- les modes de propulsion d'engin véhiculaire.

Mais, nous avons aussi vu qu'ils ne le sont pas, voire en retard, sur :
- les aléas des vols,
- la biologie,
- les études biologiques.

Mais, en sus, nous pouvons déduire qu'ils ne le sont encore moins, voire attardés ou restreints (incluant le phénomène de régression intellectuelle et physique), sur :
- les anciennes techniques et technologies,
- les modes d'enregistrement et de lectures autres que ceux sous forme électrique,
- les utilisations appelant la coordination du système cérébral avec le geste physique,
- les notions de noblesse d'esprit comme le respect de la vie.

Bien entendu, nous parlons d'une manière générale, au regard de données d'une certaine espèce observée d'une manière récurrente, car, étant le cas fort probable qu'il y ait plus d'une espèce NOEH dans l'Univers, il y a d'autant de niveaux d'évolutions technologiques et spirituels, et ce, sans compter, qu'au sein d'une même espèce, il est tout aussi probable que pour le genre animal terrestre, qu'il y ait des disparités de facultés, de capacités, et d'aspirations...

Les Chemtrails

Beaucoup ont vu et dénoncé les « chemtrails », ces fumées rectilignes semblant s'échapper des réacteurs d'avions de ligne, qui, non seulement, persistent en l'atmosphère, mais s'étalent à volonté sur leur largeur, rendant opaque n'importe quel ciel d'azur.

Le problème principal est que personne n'explique le pourquoi du comment, la raison de cette entreprise.

Il est vrai que nous entendons toutes les théories, essentiellement sur les complots gouvernementaux, ou plutôt supra-gouvernementaux.
Nous entendons de tout, même des témoignages de pilotes de ces avions.
Oui, « ces » avions, car ce ne sont pas ceux de vols commerciaux, ni privés, ni même militaires.

Il est dit que ce sont des avions spécialement modifiés pour répandre dans l'atmosphère un produit, et qu'ils prendraient certains couloirs aériens.

Il est vrai que cela est déconcertant au vu du fait que tous les avions à réacteur ne propulsent pas ce même type de fumée, persistante et auto-dispersante.

Il est facile de comprendre qu'il y a bien deux types de vols, ceux officiels, depuis les commerciaux aux militaires, car ces derniers sont pour la plupart officiels, que cela soit en temps réel, ou à « retardement » (après leur mission...), et ceux inconnus qui relâcheraient dans l'atmosphère, en des situations géographiques précises, ces substances.

Partant de cette hypothèse, et sur les témoignages allant de témoins indélicats qui ont vu, et même photographié l'équipement embarqué de ces avions fantômes, à certains pilotes, il reflète bien qu'il y ait quelque chose de vrai.

Et ce qui serait authentique, serait ces avions, et ces vols.

Mais, quid de la substance répandue.

Pas grand chose, en effet, si ce n'est qu'il y a eu une évolution de la formule, car elle offrait le désastreux défaut d'être visible, et donc, de ne pas être discret.

Et de ce fait, des questions se sont posées, et les langues de certains se sont déliées, éventant le secret stratagème.

Donc, depuis janvier 2015, l'épandage atmosphérique est devenu invisible (à l'œil nu), puisque les substances répandues sont incolores depuis lors.

Si ces dispersions n'avaient pas à être gardées secrètes, pourquoi leurs auteurs ont-ils changé de formule pour une invisible ?
C'est bien qu'il y a quelque chose à cacher. Et ce ne peut être que son objet, le but de cette fastidieuse récurrente tâche.

Il est intéressant de noter que cette entreprise visible par tout un chacun, demanda davantage de confidentialité que (presque) toute autre opération ultra sensible.
Et pourquoi ?
Elle ne pouvait servir à aucune campagne de désintoxication ou d'intoxication médiatique, pour le compte et/ou de la part de quelque agence gouvernementale, comme la CIA, NSA, DIA, et autres, à contrario des événements ufologiques.
Oui, les phénomènes liés aux « OVNI » peuvent leur servir, comme pour détourner l'attention d'autres choses bien plus importantes et/ou graves...

Mais là, il est évident que, comme cette observation est à la fois si visible et si anecdotique (dans le sens que ce n'est pas une attraction extra-ordinaire), voire quelconque puisque ce n'est que de la fumée (comme depuis n'importe quel avion, si ce n'est qu'elle persiste), cela ne peut être l'effet d'un complot, mais plutôt une extravagance, une farfelue extrapolation de personnes ignorantes en la nature et le comportement des gaz propulsés par les réacteurs dans l'atmosphère...

Cela serait oublier une des plus subtiles des stratégies, maligne et pernicieuse.

Parfois, pour ne pas éveiller les soupçons sur certaines opérations, il est plus efficace de les réaliser aux yeux de tout le monde, car il y aura toujours un quidam bien-pensant pour rétorquer que ce ne peut être une manigance, au nom de la fallacieuse preuve de son caractère si ostentatoire, et non dissimulé.

Bref, beaucoup de discours, de méfiances, d'alertes sur ces « chemtrails », mais aucune explication sur leur nature réelle, et sur le pourquoi du comment de leur existence.

Surtout que, si c'est vraiment le cas, cela coûte énormément, autant en carburant qu'en ressources humaines et matérielles, puisque ces vols seraient fait quasiment quotidiennement, et sur de nombreux lieux autour de la planète.

L'importance géographique est intéressante, car ces traînées seraient essentiellement localisées aux alentours de certaines zones habitées, dans des pays dits évolués...

Donc, si ces vols existent vraiment, pourquoi des agences supra-gouvernementales dépenseraient autant en finances qu'en énergie, pour une opération permanente, récurrente et fastidieuse, et ce, sans effet notable, notamment par nous autres, quidams ?

Notre vie a-t-elle changé ?
Non.

L'effet désiré et recherché est, en réalité, une action réductrice, entravant et prohibant des qualités environnementales par une perturbation et une gêne des propriétés physiques, et spécialement d'une portée que nous ne connaissons pas, et que nous n'avons jamais observée, nous, quidams.

Si nous reconnaissons comme authentique l'accident de ROSWELL 1947, car c'était bien cela, un accident, sa cause serait due, non pas à un problème technique interne au vaisseau spatial, mais à une environnement spécifique causant des perturbations sur le mode de propulsion, ou de sustentation dudit vaisseau.

Il est vrai que des perturbations sur certains éléments électroniques sont causées par la présence de champs, électromagnétiques notamment.
Les recherches et essais nucléaires effectués dans cette région de ROSWELL ont créé des perturbations de son environnement magnétique et de ses qualités « ondulatoires »...

Le crash de 1947, s'il est vrai, ne peut provenir que de ce phénomène.
Pourquoi ?
Parce qu'il a été soudain et brutal, et que son ou ses occupants, pilotes et autres, n'ont pu, ni anti-

ciper, ni réintégrer en leur vaisseau, sa capacité de « vol » et de maîtrise de déplacement.

Les américains ont découvert, non seulement qu'il y avait bien des êtres autres que les humains terriens, qu'ils étaient évolués technologiquement, et donc potentiellement dangereux, ou réciproquement, dangereux parce que plus évolués technologiquement qu'eux, mais aussi et surtout, qu'ils n'étaient pas pour autant infaillibles, omnipotents, omniscients.

Ces mêmes américains ont compris l'avantage qu'ils pouvaient retirer de cette manne technologique, en se l'appropriant.

Mais, en secret.

D'où est venue la nécessité de couvrir d'une chape de plomb cet événement, même malgré l'aveu de la réalité des faits durant les premières heures de la découverte du crash. Ils ont eu besoin de 24 heures pour comprendre l'importance de tout cela.

Ils ont aussi et surtout compris qu'il fallait éloigner ces nouveaux « gêneurs » venus d'ailleurs, et que la meilleure solution était, à la fois non belliqueuse car défensive, de les empêcher de pouvoir (re)venir en notre Monde.

Pour cela, les américains se devaient de réitérer, de recréer le même champ de perturbations que celui présent alors, à Roswell, et ce, partout, ou du moins, dans les lieux stratégiques.

Le nombre de crashs ne s'est pas fondamentalement réduit par la suite, exprimant que ces « êtres venus d'ailleurs » n'ont pas pu, ou su faire évoluer leur technologie, pour contrecarrer cette problématique défaillance. Et par ce point, nous revenons à l'estimation du niveau d'intelligence de ceux-ci, ou du moins, de leur incapacité à évoluer, à la faire évoluer, comme s'ils répliquaient une chose dont ils se seraient emparée...

Une sorte de chimpanzés de l'Espace.

Tout se tient.

Pour en revenir aux « chemtrails », la substance chimique répandue n'est pas pour nous contrôler mentalement, comme certains théorisent sans en expliquer davantage.

Cette entreprise n'est pas faite contre nous autres, quidams, du moins directement puisque, en définitive, cette dissuasion a le but final d'empêcher tout contact et tout échange avec ces « êtres » si supérieurs, qui démontreraient aussi la ridicule petitesse et faiblesse des USA, au grand dam de leur vantardise et de leur vanité qui prodiguent en leurs propos, les péremptoires déclarations du contraire.

Les américains ont tant à cacher, déjà, au titre de la possession et de l'à-peu-près maîtrise de cette technologie, qu'ils ne veulent pas que d'autres sur Terre soient sur le même pied de négociations et de marchandages avec les « Aliens ».

Ces « chemtrails » sont bien pour créer un champ de perturbations physiques et électromagnétiques, et ce, en permanence, afin de se prémunir de visites inopportunes.

Une sorte d'arme diplomatique de dissuasion...

Certes, si l'effet voulu fonctionne sur certains vaisseaux, il apparaît que certains autres continuent à naviguer en nos cieux.
Ce dernier point est intéressant car il démontrerait qu'il y aurait, non pas une, mais plusieurs civilisations extra-terrestres, et qu'elles ne seraient pas au même niveau d'évolution technologique, ce qui est logique, le contraire ayant été plutôt étonnant.

Et puis, cette méthode de « contrariété » physique sur les déplacements spatiaux, peut aussi être utile pour déjouer le départ de certains, qui utiliseraient ce type de vaisseau pour quitter la planète...

Les vols de mouches

Beaucoup de témoignages décrivent les vols observés comme étranges, dans le sens qu'ils semblent dénués de logique de vols, non rectilignes, zigzagant sans but apparent, et accélérant d'un coup.

Des changements quasiment instantanés de positions spatiales, de trajectoires, de directions, des virages négociés d'une spécificité angulaire, sont des prouesses aéronautiques irréalisables par aucun de nos engins terriens connus.
En sus, ce sont des performances de l'ordre du technique, défiant même la physique intrinsèque, du moins celle que l'on croît connaître, puisque, un tel revirement si vif, si aigu impose des contraintes mécaniques et physiques, et même physiologiques, plus qu'extrêmes, insupportables, que cela soit tant au niveau matériel que corporel.

La question serait :

Comment donc réaliser de telles prouesses, comme réorienter, et surtout dé-orienter, une structure empreinte d'une direction, vers une autre, et ce, en passant par un supposé point « zéro » de vitesse, du moins, en négociant le plus promptement possible un chavirement de la force centrifuge d'une courbe entreprise, au point même de l'annihiler, et dans le cas qui nous concerne, sans même décrire de courbe ?!

Hormis la curiosité scientifique sur ce point d'avoir résolu de nombreux problèmes physiques controversés et contradictoires, même paradoxaux, pour pouvoir réaliser de telles manœuvres, il est une question encore plus fondamentale :

Quel besoin, quelle nécessité, quel avantage ont leurs pilotes, quelle que soit la technologie utilisée, de faire de telles acrobaties, puisque d'une part, c'est illogique et irraisonnablement inutile, vain, voire contre productif ?

D'autant plus que, même si nos propres avions en avaient la capacité matérielle et physique, nous ne le ferions pas, sauf cas exceptionnel de démonstration.

C'est assez débile d'avoir une manière de se déplacer en les trois dimensions, de la sorte, de voler comme une mouche.

A moins d'en être une....

La seule explication d'une possible raison, réside en la situation de chercher à se retrouver dans une position spatiale précise et particulière, qui serait nécessaire à la poursuite du vol, vers la véritable destination, comme pour trouver celle qui est la plus adéquate à une trajectoire la plus directe, ou la plus rectiligne, ou la plus efficace, ou la plus favorable, ou la plus appropriée pour la navigation dans l'Espace, vers l'objectif voulu.

En quelque sorte, la position spatiale de référence vers sa destination.

C'est la seule théorie.

Mais quel besoin de faire de tels zigzags ?

Il semblerait que cela soit plutôt une illusion d'optique, quant à la simple perception de l'extrémité d'un rayon, qui ferait croire aux observateurs, témoins naïfs, en un tel vol si singulier.

A moins que cela ne soit qu'une déformation, une perturbation gravitationnelle qui déformerait à la fois, ou soit, l'observation du mouvement d'un objet, soit, une sorte de calibrage de la trajectoire du vaisseau, si tant est qu'il soit hors de toute contrainte de force terrestre, comme s'il était une projection holographique « télétransportationnelle ».

Une de mes recherches porte vers ce point scientifique, d'une manière satellitaire. Aussi, je ne m'étendrai guère plus.

L'autre question serait alors, plus proche de nous pour comprendre la raison de ce type de vol :

Pourquoi donc les mouches volent-elles ainsi ?

60

L'entente et les partenariats avec les USA

Il est sans conteste, une démonstration de la fulgurante ascension technologique des USA après la seconde guerre.

Certes, ce pays intellectuellement sous-développé sauf dans le registre de la malhonnêteté, comme le fait de dérober et de s'approprier les découvertes, une sale habitude de faire datant de l'origine de ce pays qui a été bâti sur l'arnaque, le vol, la spoliation, l'exploitation, l'asservissement, le crime, la fourberie, la duperie, le tout pratiquement officialisé et légalisé, ce pays donc, a profité de l'aubaine des recherches nazies, et de ses ressources humaines de scientifiques.
Cela est sans compter le gain tout aussi fulgurant des moyens financiers procurés par le bon business que cette guerre leur a rapporté, notamment grâce aux factures présentées à la fin du conflit aux pays

« sauvés », et à quelques vols de grande envergure perpétrés sur les sols des nations en cours de libération...

Mais, comment ce pays a-t-il pu cependant découvrir tant de choses ?
Il ne faut pas se leurrer, toutes ou presque des découvertes « américaines » ont été faites par des étrangers.

Nous avons le plus bel exemple de leur sale mentalité associée à leurs toutes aussi sales pratiques.
Les américains, si salauds et si pauvres intellectuellement et moralement, ont même laissé déchoir le plus grand génie de tous les temps, Nicola TESLA.

L'exemple le plus éclatant de la propension de l'américain pour la monnaie, l'argent, ou plus particulièrement l'Or, de sa cupidité, et de son fallacieux orgueil, sa vanité orchestrée pour la célébrité, est représenté par un de ses plus grands « savants » (considération de la part d'un américain), le plus grand découvreur de son histoire (toujours pour un américain), en la personne de Thomas EDISON.
En réalité, le plus grand imposteur de ce monde de pseudo scientifiques, le plus stupide et le plus salaud des soi-disant inventeurs.
De nos jours, nous dirions le pire des « enculés ».
Juste quelques mots à son sujet.
Tout d'abord, il n'est pas l'authentique inventeur de l'ampoule électrique.

Ensuite, il avait sous ses ordres, des dizaines de chercheurs, une véritable petite industrie de la recherche, et chacune de ces dernières était enregistrée sous son nom.

Facile d'avoir des centaines de brevets...

En sus, ce soi-disant génie américain avait parmi ses employés chercheurs, un nain intellectuel (sarcasme, *nota bene* pour les américains), nommé Nicola TESLA.

Et dans sa grandeur, l'éminence a viré ce dernier.

Il est certain que ce vulgaire subalterne osait faire montre d'une exceptionnelle intelligence, bien supérieure à celle, étriquée et restreinte, de son patron.

Une outrecuidance qui mettait à mal les idées de son américain d'employeur, et de sa médiocre spécifique vision des sciences et du futur de l'Humanité.

Je peux comprendre que l'on rate l'opportunité d'employer quelqu'un puisqu'on perd l'opportunité de le tester, de l'évaluer, d'aller plus loin sur l'étude de ses compétences.

Mais, comment peut-on virer le plus grand génie de toute l'Humanité ???

Notamment pour des raisons d'ego.

A moins d'être le plus grand connard que la Terre ait porté.

En sus, ce sale individu a été suffisamment compétent pour démontrer qu'il était le plus gros des enculés.

Une chose est à mettre à son profit.

Il a été le meilleur dans ces pestilentielles catégories, et ce, toutes époques confondues.

Donc, ce sale « bâtard » a persisté à combattre Nicola TESLA qui continuait à le contredire sur la nature du courant alternatif, en opposition à celui continu que l'abruti prodiguait comme le meilleur.

La concurrence du marché futur de l'approvisionnement électrique était à son point le plus haut.

Mais, le médiocre ne jouait pas dans la même catégorie. Il manœuvrait au nom du courant continu pour des raisons commerciales, tandis que le génie, pour d'évidentes raisons scientifiques de la supériorité de celui alternatif.

A court d'argument scientifique pour démontrer la chose impossible selon laquelle Nicola TESLA avait tort, et que sa préconisation de son courant alternatif était un danger, le plus gros « enculé » que la Terre ait porté, ou du moins, peut-être des américains, T. EDISON a organisé des événements médiatiques en électrocutant des animaux, allant même jusqu'à le faire sur un éléphant.
Ce minable pseudo scientifique n'a pas entrepris une démonstration comparative pour prouver que ledit courant alternatif était dangereux, bien davantage que son concurrent continu.
L'agonie de l'éléphant a duré des heures...

J'espère que l'Enfer existe, ne serait-ce que pour avoir réservé le plus approprié des accueils à ce sale type.
Et si ce n'est pas le cas, je lui bâtirais.

Bien heureusement pour nous, l'intelligence a, pour une fois, gagné, et nous profitons de nos jours d'une alimentation électrique produite à des centaines de kilomètres, une aptitude que le courant continu ne peut fournir...

Mais, le salopard reste une éminence, un symbole de l'intelligence, de l'invention. Un grand inventeur.
Imposture et Vanité...

Il est à noter que ce n'est malheureusement pas un cas isolé d'imposture, de vol de titre honorifique et de notoriété, de la part d'un américain.

Par exemple, il aura fallu qu'un maire de New-York soit italien pour que le véritable inventeur du téléphone soit réhabilité, connu et reconnu, en lieu et place de celui, américain, précédemment officialisé par et grâce au plus grand système organisé d'escroquerie du monde industriel, à savoir celui des « Brevets d'Invention » (voir mon livre « Aberrations, Leurres et Arnaques des Brevets d'Invention »), et surtout qu'il fût italien aussi, comme par hasard (toujours sarcasme, *nota bene* pour les américains), en la personne de Antonio MEUCCI, l'authentique inventeur de la "Belle" invention.
Sans ce point de compatriotisme d'origine (mal placé, certes, quand on est citoyen d'une nouvelle nation), il n'aurait pas entrepris cette campagne de réinstauration de l'honorable paternité de l'invention.
D'autant plus qu'il aurait pu ne pas attendre de devenir maire. Orgueil, orgueil...

Une preuve supplémentaire de la sale mentalité des américains, car, auparavant, personne n'avait fait quoi que ce soit, juste pour rétablir la véritable vérité, par noblesse et quête de justice et de vérité.

Les pendules étant remises un tant soit peu à l'heure au sujet de la mentalité non recommandable des américains, je parle de certains américains, nous pouvons aborder en pleine connaissance de cause, la nature de leurs relations avec les « Aliens ».

Selon certaines sources, les américains auraient occasionné une entente, une sorte de partenariat avec les « Aliens ».

Déjà, n'ayant aucune preuve irréfutable de ce contexte, je n'emploierai que le conditionnel.
Que les affranchis lisent ce qui suit au temps du présent.

Parenthèse fermée, nous parlerons d'une rencontre, d'un échange qu'avec une espèce d'« Aliens », et non avec toutes.
Le deal aurait été un échange de technologie contre...
Et là, la question se pose autant qu'elle remet en cause la véracité de telles allégations.
Car, qu'auraient pu donner ces américains que les « Aliens » n'auraient pas ?
En dehors de la bêtise et de la malhonnêteté intellectuelle, je ne vois pas.

Certes, déjà, pour traiter avec des abrutis et/ou des salauds, il faut, soit être extrêmement con et/ou salaud, soit particulièrement intelligent, ou avoir le besoin absolu de ce qui est proposé.

Une explication théorique répandue donne le fait que les « Aliens » auraient eu pitié de la médiocrité d'avance technologique des humains terriens, et qu'ils nous auraient donné certaines broutilles.
Je veux bien, mais pourquoi auraient-ils attendu de subir le crash d'un de leurs engins, et pourquoi spécialement d'en faire profiter les américains ?
Parce qu'ils pensaient que ces derniers étaient les plus intelligents ?
Les plus à même entre tous les peuples de la Terre, à recevoir cette merveilleuse offrande ?

Si c'était le cas, nous pouvons écrire et confirmer que les capacités d'analyse et la perspicacité des « Aliens » sont plutôt ridiculement médiocres.

A moins qu'ils voulaient le bien-être de l'Humanité américaine !

Donner de telles informations et de tels pouvoirs à de telles médiocres, stupides et viles personnes, ce, après le double usage de la bombe atomique sur d'innocentes populations, alors que des tractations de reddition étaient en cours, c'est bien qu'il y a un problème.
Un problème de logique.
Et de qualité morale de la part de ces « Aliens ».

Cet acte, doublé, est un crime de guerre à plus d'un titre.

Et ce n'est pas un cas isolé.

Les américains sont des maîtres en la matière, et traînent des wagons de casseroles de ce genre, déjà par la CIA...

Ou ces « Aliens » sont cons au possible, ou ils sont aussi salauds que les américains, se reconnaissant en eux pour penser et utiliser les mêmes sales manières de faire.

Qui se ressemble, s'assemble...

Ou alors, si nous envisageons que ces « Aliens » ne puissent pas être, ni stupides, ni salauds, ou du moins pas tant que cela serait nécessaire pour agir de la sorte, délibérément, cette résultante serait qu'ils ont été, naïfs mis à part, contraints.

Par ailleurs, il est certain que l'usage de la rétro-ingénierie sur un engin récupéré, notamment d'une épave, est plutôt une mise devant le fait accompli, qu'une contrainte.

Les américains auraient profité de cette providentielle manne venue du ciel, sans aval de leurs occupants, ou de leurs commanditaires.

C'est un point certain.

L'autre étant moins certain, celui dont nous avons déjà parlé, la divulgation sous contrainte, qu'elle soit sous chantage, ou en l'échange de bons procédés.

Certaines informations donneraient l'échange favori parmi les théories explicatives, puisque ces « Aliens » auraient au moins une base souterraine sur Terre, que les américains auraient découverte sur leur sol (Colorado).

Petit aparté, sans lien aucun.
Le Colorado a eu la chance d'accueillir Nicola TESLA pour certaines de ses expériences.

Donc, en échange d'une protection, qui serait plutôt une garantie de confidentialité et de discrétion absolue, cette espèce d'« Aliens » aurait fourni à certaines agences supra-gouvernementales, des connaissances technologiques.
Certes, cela expliquerait beaucoup de choses.

Mais, cela n'exclurait cependant pas la contrainte, que cela soit par le chantage, ou l'extorsion.
Une pratique usuelle des américains, déjà vis-à-vis des autres terriens, que cela soit sur le plan diplomatique qu'économique. Tout leur business et toutes les applications de leur lois sont sur cette gamme d'interprétation, au sein de laquelle la mauvaise foi est le « La ».

Bref, ils leur auraient constitué une sorte de prison dorée.
Cette notion de prison dorée est intéressante car elle expliquerait la réelle existence et la nécessité des « chemtrails », qui ne seraient pas pour bloquer leur venue depuis l'espace, mais plutôt pour les

contraindre à rester au sol, là où ils se trouvent.

Une sorte d'interdiction diplomatique de s'échapper, tout autant que d'être secourus...

Même si notre évolution a subi un coup de fouet après guerre, et que certains l'attribuent aux connaissances acquises d'après ROSWELL et les ententes avec les « Aliens », il relève que notre véritable avènement a été du siècle précédent, avec le début du monde industriel.

Celui-ci a été le commencement de notre véritable développement technologique avec sa mise à disposition à tout un chacun, à la fois par le nombre accru de mise en production des découvertes, mais aussi par un accès favorisé grâce à un moyen financier réduit.

La production à la chaîne a diminué le coût de fabrication, et a entraîné la quête incessante de progrès.

Sans cette expérience accumulée, et surtout cet état d'esprit de faire, de rechercher, cette conscience de réaliser plus que des choses basiques, les super connaissances acquises de ROSWELL ou d'ailleurs, n'auraient pas eu d'écho sur nos vies.

Il est évident qu'il y a eu des crashs d'« OVNI » par le passé, avant 1947, et ils n'ont donné lieu à aucune évolution.

Il relève donc qu'il faut déjà avoir un certain niveau intellectuel pour évoluer.

Et il est aussi certain que l'évolution en général, est exponentielle, ce qui explique que nous évoluons technologiquement de plus en plus rapidement, et ce, sans avoir besoin de considérer une quelconque aide ou assistanat provenant d'une autre civilisation pour l'expliquer, voire la justifier.

Quoi qu'il en soit, les américains sont suffisamment égocentriques, paranoïaques, menteurs et tordus pour ne voir que leur petits propres intérêts, qui vont dans le sens de ne pas dévoiler l'existence des « Aliens », une sorte d'objectif commun avec ces derniers qui veulent rester incognito. Aussi, ils ne pouvaient que s'entendre.

Il ressort que le monde industriel a été le début de notre véritable développement, et s'il est une véritable piste à chercher quant à son autant soudain qu'étrange déclic après plusieurs siècles de léthargie intellectuelle, elle ne peut être recherchée qu'à cette époque là, seconde moitié du 19ème, et non en 1947.

Cette dernière n'est que celle d'un second déclencheur, formidable certes, mais pas indubitable, puisqu'il y eut des crashs par le passé, dont nous n'avons su en retirer aucun enseignement.

Morphologie, physiologie et physionomie de cette espèce d'« Aliens »

En ce qui concerne le pourquoi de la morphologie, de la physiologie et de la physionomie de cette espèce d'« Aliens », il est à retenir le postulat logique que la Nature est la même dans l'Univers, c'est-à-dire, quel que soit le lieu, la planète, le système.

Il est certain qu'il y a plusieurs espèces d'apparence semblable, comme les humanoïdes, aussi, nous ne pouvons parler d'appartenance à une planète, comme nous ne pouvons parler de nation.

S'il est des variétés, des différences au sein d'une même espèce, nous parlerons alors de sous définition, et donc de race.
Donc, l'espèce humaine, avec ses différentes races, ne peut être réduite à une entité terrestre, c'est-à-dire, uniquement terrestre.

Un terrien peut être quelque chose, un être issu de l'environnement de la Terre, et ce, quelle que soit son espèce.

Nous voyons qu'en sortant de notre petit monde quotidiennement nombriliste, cela soulève bien des mises au point, dans bien des domaines, la classification à définir, et donc la considération à y associer.

Donc, nous n'allons pas parler de nos « cousins », ceux semblables à nous autres humains terriens mais faisant parti des « NOEHB », résidant sur une autre planète.

En effet, si, sur le plan ethnologique, philosophique et sociétal, la discussion serait intéressante, il ressort qu'au titre de ce chapitre, nous allons nous tourner plus judicieusement vers des espèces qui sont différentes de nous.

Nous allons donc parler d'une certaine espèce d' « Aliens », ceux les plus connus après les obsolètes petits hommes verts des années 50 appelés aussi « martiens », je veux dire l'espèce humanoïde vulgairement appelée « Gris ».

Il y aurait deux races de ceux-ci, les petits et les grands.

Ils se présentent communément avec un corps chétif, doté d'un encéphale énorme, du moins supposé par un arrière du crâne spécialement hypertrophié (par rapport à nous autres humains terriens, et même par rapport à une harmonie de forme générale), une tête affublée d'immenses yeux et d'une bouche quasiment réduite à sa plus petite expression.

Parlons des trois points particuliers, les disproportionnalités, à savoir les yeux, le crâne et le corps.

Le corps.
Il est chétif, ce qui démontre l'absence d'usage des membres pour quoi que ce soit, si ce n'est l'attitude debout et le déplacement pédestre restreint, et quelques manipulations et actes manuels basiques.
Ceci expliquerait aussi l'utilisation permanente d'une technologie offrant une assistance quasi omniprésente, et, même et surtout, pour supplanter les fastidieux gestes physiques. Ces derniers n'ont plus de raison d'être, depuis l'usage de la faculté cérébrale de commande et de pilotage (télékinésie, par exemple).

Petit aparté.
Voilà ce qui nous attend en notre évolution morphologique, suite à notre débile soif irréfrénée pour la technologie à outrance, dans tous les sens et pour n'importe quoi. Mais, je reviendrai sur ce point.

Le crâne.
Son hypertrophie arrière suggère un encéphale extrêmement développé, ce qui sous-entend un usage principal et primordial exagéré, dans le sens plus que de notre ordinaire de nous autres humains terriens.
Il faut émettre un petit bémol, car le volume ne garantit en aucune façon une faculté supérieure, ni d'autres facultés, notamment non connues.

Le cerveau est constitué de neurones, mais aussi et surtout de synapses, or, c'est bien ces dernières qui procurent la performance cérébrale.

Un cerveau peut être énorme, être doté de nombreux neurones, et ne posséder que peu de connections.

De plus, un cerveau peut être tout aussi énorme, et ne consacrer cette supérieure différence de volume que pour l'enregistrement et la rétention d'informations, telle une immense bibliothèque. Sans plus, de ce qui se trouverait à l'intérieur du cerveau.

Le corps chétif démontrant un usage quasiment essentiel de la matière cérébrale en toutes circonstances, les deux caractéristiques physiques se corroborent, par leur développement inversement et réciproquement proportionnel.

Petit aparté.
Je profite de ce point pour évoquer la débilité des propos selon lesquels nous, terriens humains, nous n'utiliserions que 10% de notre cerveau, ou de nos capacités. C'est selon l'auteur de l'affirmation.

Or, pour déterminer un pourcentage d'utilisation, il faut en connaître l'étendue de référence, c'est-à-dire, ce que représentent ces 100%. Et, nous ne savons pas ce qu'est, ou serait 100%. Que cela soit en capacité comme en faculté...

Les yeux.
Une telle surface peut être expliquée sous deux points.

Le premier étant par le fait de leur probable omniprésence dans un environnement obscur, du moins, d'une faible luminosité.

Cela expliquerait leurs présences et la location de leurs lieux de vie dans des lieux souterrains.

Cela expliquerait aussi pourquoi les observations d'engins et de leurs habitants sont principalement nocturnes, ce, paradoxalement au fait qu'il y a plus de facilité, tant en opportunité d'observation par le nombre excessivement plus important de potentiels observateurs en pleine journée.

Par ailleurs, nous ne pouvons écarter le fait que cette surface importante serait propre à la captation d'un très large spectre de lumières, voire d'ondes.

Le second serait que cette surface que nous prenons pour des yeux, ne serait pas un organe du sens de la vue, ou du moins uniquement.

Ils pourraient être, non pas des organes récepteurs, ou seulement, mais des émetteurs, sans doute le point d'échange télépathique.

Cette éventualité est intéressante, car, pour ce mode de communication, il est essentiel d'avoir les deux capacités, celle d'émission et celle de réception.

Mais, il est surtout nécessaire d'être muni d'une sorte de porte, afin de pouvoir choisir les informations que l'on désire transmettre, mais aussi, pour verrouiller celles que l'on veut conserver d'une manière secrète, confidentielle, discrète, privée.

Il y a aussi la nécessité de pouvoir sélectionner et bloquer la réception...

Nous abordons ainsi le problème de la télépathie, et de son contrôle, à l'instar d'un ordinateur qui serait connecté à un réseau ouvert tel internet, et pour lequel nous ne voulons pas qu'il y ait d'accès depuis l'extérieur, par d'autres personnes.

La télépathie par sa définition basique exprime cette porte ouverte sur l'esprit, sur les pensées, par n'importe qui de l'extérieur, ou simplement une émission tous azimuts.

Or, nous pouvons admettre qu'aucune société, aucune civilisation, aucune espèce communautaire ne peut vivre, prospérer, sans espace privé. Certes, cela est une discussion philosophique, mais à garder en considération.

Pour finir, il est un point étonnant.

Aucun témoignage, qu'il fut vrai ou inventé, ne parle particulièrement de vêtement, sauf peut-être, quelques uns d'entre eux.

La plupart du temps, notamment quant aux corps retrouvés sur des sites de crashs, même au sujet des êtres récupérés sur le site de ROSWELL, il n'y pas de précision d'existence de vêtement, comme il n'est nulle mention de fuite de substance corporelle liquide, voire gazeuse, émanant de corps blessés, pour certains au point d'en être décédés.

Certes, un violent choc peut causer d'invisibles sérieux traumas et de fatals dommages, mais de là à ce qu'il n'y ait aucune lésion causant des déperditions, c'est vraiment étrange, voire inquiétant quant à leur nature.

A moins que ces corps ne soient pas des entités biologiques.

Cela expliquerait pourquoi ces corps seraient alors dénudés, ou plutôt sans attributs vestimentaires, n'en ayant point besoin, que cela soit pour se protéger d'une variation des paramètres environnementaux, telle que la température, ou pour en dissimuler une partie.
Et cela expliquerait aussi pourquoi, du moins d'apparence, ils sont asexués.

Cela expliquerait aussi pourquoi ils ne sont pas évolués en matière de biologie, comme nous en avons déjà parlé...

Il est important de rappeler qu'au sujet de ces « Aliens », puisque, d'une part, nous savons qu'ils ne nous ressemblent pas, et d'autre part, que nous n'avons aucune information quant à leur provenance, et donc, nous ne sommes pas certains qu'ils soient d'une autre planète que la Terre, du moins non résidents de notre Terre, il serait extravagant autant que non scientifique de les considérer comme « Extra-Terrestres ».
Aussi, pour garder une attitude concrète et scientifique, dans le sens de nommer précisément les choses, nous ne pouvons les appeler que sous la dénomination de « Non-Humain », en attendant de connaître et/ou définir leur nature. Si tant est que la tâche sera multiple, vu que nous risquons de faire face à plusieurs espèces de ces êtres inconnus.

Les bases souterraines de cette espèce d'« Aliens »

Pour faire suite à la morphologie, physiologie et physionomie des « Aliens », enfin de ceux que l'on « connaît » le mieux, les « Gris », il ressort par la logique et la physique, qu'une telle surface de leurs globes oculaires, du moins ce qui semble en être, si elle est consacrée à la vision, du moins du spectre que nous utilisons nous humains terriens, donne lieu à penser d'une part, un besoin lié à une faible luminosité environnementale quasi permanente en leur lieu de vie, et d'autre part, une obligation d'éviter la lumière, du moins, importante.

Pour trouver un environnement sombre, voire obscur, sur Terre, il n'y a que le monde souterrain, qui, de plus, offre davantage d'aisance, de volume que la surface d'un globe.

Une telle situation procure les avantages de la discrétion, de la confidentialité, du secret de l'existence, mais aussi, pour ceux que cela pourrait intéresser, une faculté et une capacité accrues pour gérer, contrôler, manager ce qu'il se passe en surface, et ce, sans éveiller les soupçons de telles pratiques, comme le fait de faire croire aux habitants de la partie aérienne, qu'ils sont libres, et font ce qu'ils veulent.

Maîtriser l'espace souterrain est aussi un accès direct aux ressources, et la mise à disposition d'une foultitude de directions pour s'échapper d'un siège ou d'un assaut...

De plus, il est une protection efficace du monde extérieur, notamment en un abri contre les violences électromagnétiques et autres nuisances provenant de l'Univers, et contre celles plus proches, causées par les agités habitants de la surface.
Par exemple, dans le cas où notre Terre présenterait tout à coup, des anomalies, des perturbations de son champ magnétique, celui qui nous permet de vivre sans mal en surface, notre seule survie serait d'aller sous terre...

Je profite de ce chapitre pour émettre une précaution d'usage quant à une manie obsessionnelle, de plus en plus intellectuellement manipulée par les « ufologues » de tous poils, qui veulent absolument voir des traces d'« Aliens » partout, et sur tous les clichés de l'Espace et des planètes.

Leur espérance mêlée à leur enthousiasme les font oublier la notion élémentaire du discernement.

A chaque fois qu'ils y dénichent une forme géométrique, la plupart du temps visualisée grâce à un jeu d'ombres et de lumières, et donc, géométrique uniquement en apparence et surtout approximative, ils y voient un bâtiment, immobilier ou véhiculaire, construit par une espèce intelligente.

Leur déduction n'est que « supputative » sous le coup de l'enjouement du naïf, car elle est peu probante, puisqu'il leur faudrait plusieurs clichés du même lieu, à la fois vu depuis différents angles, mais aussi en plusieurs laps de temps et donc d'éclairages différents, afin d'en arriver à de telles conclusions positives.

Pour eux, toute forme géométrique, sous forme d'observation – et le plus souvent floue (je le rappelle), est systématiquement le fruit d'une réalisation déterminée, et qu'automatiquement, ce ne sont pas des structures naturelles, et que par conséquent, ces constructions artificielles ont été faites par des êtres vivants « évolués ».

Leur « étude » n'est juste qu'une interprétation élaborée par l'usage du sens de la vue, elle-même gérée en finalité par le cerveau, et donc manipulée au titre de ce que certains veulent voir, telles que les formes que l'on peut « voir » dans les nuages...

Hormis le fait que leur interprétation est plus que sujette à discussion, et même à réfutation, ils partent de ce fallacieux postulat :
« Forme géométrique »
= « Réalisation Non Naturelle »
= « Construction Artificielle »
= « Preuve de l'Existence d'Extra-Terrestre ».

Déjà, si cette suite de déductions d'apparence logique était acceptable, cela ne prouverait que leur existence, mais en aucun cas au regard du facteur temps, c'est-à-dire, qu'ils existeraient toujours.

Ces chauffards de la « recherche » scientifique parlent toujours de leur présence comme si elle était toujours d'actualité, contemporaine, et jamais comme des ruines, des vestiges d'un temps, et d'une civilisation passée.

Il se pourrait que ces « Extra-Terrestres » (oui, j'emploie ce mot pour coller à leur mode de raisonnement) aient construit ces bâtiments, et que leur civilisation et leur espèce aient disparu. Donc, cette connaissance acquise de preuve d'existence serait en suspend, inaboutie, puisque la notion du statut d'actualité resterait sans réponse.

Mais, la plus grande bêtise de ce raisonnement part du postulat originel.

La « Forme géométrique » associée irrémédiablement à l'artificiel.

C'est totalement faux !

Nous ne pouvons accepter un tel postulat de référence, et donc, tout l'enchaînement de réflexions déductives est rendu ridiculement irrecevable.

Il est facile de contester un tel postulat.
Simplement en montrant que les formes géométriques peuvent être formées par la Nature elle-même, sans besoin d'aide extérieure.

Pour ce faire, prenez simplement les cristaux.
Des formes géométriques parfaites, tant dans leurs différentes et complexes réalisations spatiales que dans leur rendu de surface, absolument lisses.
Alors, si vous prenez les cristaux géants que nous avons découverts dans les caves souterraines, alors, le soufflet est encore plus percutant...

Et il y a dans la Nature, de nombreuses formes géométriques, sous différents registres, depuis l'infiniment petit à l'infiniment grand...

Il en va de même avec les ponts vus comme des œuvres nécessairement artificielles, alors que nous pouvons trouver des arches naturelles sur notre Terre...

Et nous pouvons aussi voir dans la Nature, d'ingénieuses structures géométriques, des bâtiments et des réalisations « immobilières », tous conçus par des êtres vivants, dotés d'une évolution certes, mais stoppée et restreinte à sa plus simple expression d'usage utile.

Les fourmis, les abeilles, les termites et autres animaux « basiques » mais structurés socialement, ne sont pas des « êtres » comparables à ce dont on se fait l'idée des « Aliens », c'est-à-dire, avec qui nous pourrions échanger, et pourtant leurs structures d'habitation pourraient en être comparables...

Les évolutions

Il y a deux types majeurs d'évolutions pour un « être », physique s'entend, un intrinsèque, relatif à son entité, et un extrinsèque, relatif à son environnement.
Le premier concerne son corps et son esprit, et le second, la technique et la technologie.
Nous laisserons de côté, l'aspect physique pour l'avoir déjà vulgairement abordé.

Il est à discuter du cérébral et de la technologie.

Nous avons vu que, n'en déplaise aux débiles et aux naïfs, que ces deux ascensions, si tant est que nous puissions utiliser cette évaluation par la positive, ne vont pas de pair, et qu'elles ne sont pas étroitement liées.
Un « gros con » peut avoir une technologie extrêmement évoluée, qu'il l'ait développée par lui-même,

ou par ses semblables, ou simplement volée à une autre espèce.

Et un individu intelligent peut très bien vivre dans une environnement naturel, sobre, simple, basique.

L'évolution de l'esprit est double, selon ses paramètres d'intégrité et de moralité, et selon la sagesse et le pragmatisme.

Notre voie, en l'état est toute tracée.

Et si ces « Aliens » proviennent d'une origine commune avec la nôtre, telle que je l'ai déjà décrite, ils en savent plus que nous, sur notre futur garanti.
Et il n'est guère reluisant.
Ils seraient notre (rétro)projection de notre future évolution.
Comme une démonstration par l'exemple à ne pas suivre.

De la réduction à l'éradication des tâches, d'abord celles élémentaires, ménagères puis individuelles, la quête sans fin à en faire de moins en moins, nous verrons alors que le monde physique vécu directement est superflu, et son contact réel, devenu inutile.
La contrainte sera réduite à néant.

Pour aller dans le sens de cette « évolution », nous voudrons annihiler le risque, et donc, nous verrons que l'aspect physique est encore plus superflu, et dangereux, à bannir en toutes circonstances.

Nous entreprendrons alors de profondes plongées d'introjections, de plus en plus prolongées, quasi permanentes, par une sorte de sommeil corporel, en transposant notre vie matérielle dans des « avatars », des corps qui se déplaceront avec une connexion depuis notre esprit.

L'usage de ces Corps Concrets de Substitution (CCS) commencera par le domaine du travail.

Le télétravail sera alors porté à son extrême.

Ensuite, la « société », par ses représentants toujours aussi stupides et médiocres que ceux que nous connaissons de nos jours, trouvera judicieux de proposer, puis d'obliger l'usage de corps substitutifs pour tout déplacement extérieur, c'est-à-dire, dans la vie civile privée confrontée à autrui (notre vie de tous les jours), et ce, au nom du risque encouru et occasionnant, déclaré alors « ennemi public numéro Un ».

Nous ne pourrons utiliser notre véritable corps qu'en notre domicile.

Ainsi, en cas, d'accident, le corps substitutif sera endommagé, voire détruit, mais la conscience restera indemne en son corps originel, et nous n'aurons qu'à nous véhiculer dans un nouveau corps, comme nous le faisons avec une automobile.

Les aléas des accidents, des maladies et du vieillissement seront détournés par de la rechange, non plus de pièces détachées, mais de corps entiers.

Le seul problème restant sera le vieillissement de notre corps de référence, celui qui conserve notre conscience.

Il sera certes à l'abri de l'environnement extérieur, prémuni des risques de la vie déambulatoire, dans des sortes de caissons protecteurs, mais il faudra le faire perdurer au possible, soit, en l'entretenant par la régénération cellulaire, soit, en ralentissant son mode d'auto-détérioration.

La solution ultime, d'autant plus complexe à réaliser, et surtout d'un danger extrême, sans doute le seul et dernier que nous connaîtrons alors, une notion que nous aurons oubliée pour avoir cherché depuis fort longtemps à l'éradiquer lui et le risque, la solution ultime donc, sera d'extraire notre conscience, notre nous-même, notre plus profonde définition. C'est notre bien le plus cher, et donc, ce, sans l'endommager, sans l'altérer, aux fins de la transposer, transférer, transvaser dans un nouveau corps, ou plutôt, une nouvelle entité biologique qui aura été réduite à sa plus simple expression, n'ayant plus besoin des devenus inutiles membres secondaires de préhension et de déplacement.

Nous, en tant que véritables entités physiques, serons devenus des « hommes troncs ».

Puis, l'apothéose sera d'héberger cette précieuse valeur sans laquelle nous ne serions, dans un environnement encore plus sécurisé, et plus « éternel », facile d'entretien puisque devenu matériellement inexistant.

Le Monde, notre propre monde sera notre conscience, et nous ne serons plus rien d'autre qu'un système autonome électrique. Rien de plus.

Nous aurons alors tout oublié de notre lointain passé, et de la vie matérielle, de ses aléas néfastes certes, mais aussi de ses atouts magnifiques.

Bref, nous deviendrons ignorants d'un environnement possible qui peut combattre l'ennui, par la présence de la surprise, de l'espérance et de la motivation.

Nous n'aurons alors qu'à l'imaginer, mais il nous restera hors de portée, nous le considérerons chimérique, et nous le nommerons « Éden ».

L'espoir d'une existence sublimée par la rigueur matérielle de la réalité, sans se rappeler que nous l'avions, nous y vivions, du moins, nos très lointains aïeux.

Alors, certains commenceront à se poser des questions sur ses origines.

Puis, sur ce qui a été oublié, le monde « réel », et la Nature, et la biologie.

Ils essaieront alors de recréer un tel environnement, et même d'y vivre, de l'intégrer.

Ils comprendront que le Monde de conscience, que certains d'entre nous dénomment actuellement « spirituel », n'est pas à envier, du moins tant que nous nous trouvons sur Terre, dans un Monde purement physique et matériel qui offre tant de riches expériences que la Vie immatérielle ne pourra jamais procurer.

Si un tel univers, un tel environnement éthéré nous est destiné dans le futur, alors, profitons au mieux de ce qui est concret et qui nous sera impossible ultérieurement à explorer, et ce, afin d'en retirer le maximum d'irremplaçables expériences.

L'évolution n'est pas le progrès, ni même un progrès.
Elle ne l'est seulement que pour s'éloigner de quelques pas de l'obscurantisme, et des tâches domestiques ingrates.

La « Faculté » provient de l'inné.
La « Capacité » se forme de l'acquis.

L'« Intelligence » est une faculté.
La « Connaissance » forge les capacités.

Et paradoxalement, un cerveau qui offre plus de facultés, de moyens de son usage, comme la télépathie, la télékinésie, ou autres sens et « pouvoirs » que les normaux humains terriens ne possèdent pas (en le fait déjà qu'ils ne savent en utiliser), ne confère pas une plus grande intelligence.
Ce n'est pas parce qu'on sait faire davantage de choses, que l'on est plus intelligent.

Notre lente évolution est une richesse de temps.

Que ferions-nous de ce temps gagné si toutes les connaissances et technologies de ces satanés « Aliens » nous avaient été fournies d'un bloc ?

Que se serait-il passé s'ils nous avaient prodigué tant de savoir dans les années 60 ?

Nous aurions perdu l'essence des décennies suivantes, avec son lot d'enthousiasmes pour les découvertes dispensées au fur et à mesure, pour les ferventes attentes des objets nouveaux et si fascinants que l'on ne les pensait possibles, et pour nos fantasmes passés sur le futur.

Et à quel stade en serions-nous aujourd'hui ?

Je veux dire quel niveau serait enviable au temps présent que nous vivons, puisqu'il aurait été celui que nous connaîtrons dans quelques décennies, si ce n'est qu'il aurait été avec l'amer doute d'être passé à côté de quelque chose que nous ne pourrions plus connaître, vivre.

Ce gain de temps aurait été une perte.

Une évolution lente est une richesse.

Un voyage.

Et comme la Vie est sans réel but apparent, l'itinéraire est notre bien le plus précieux.

Et un saut du présent dans le futur serait une erreur fondamentale sur l'étoffement de notre acquis, de nos futurs souvenirs aux émois des temps passés, perdus à jamais,.

La progression est l'itinéraire.

Ne le perdons pas de vue, ne le méprisons pas.

Ce que je sais de leur technologie

Pour légitimer mes propos, s'il était besoin de le faire puisque, tout d'abord, nous sommes dans le conditionnel, mais aussi et surtout, je me sers de la logique, qui est déjà garante d'honnêteté intellectuelle et de réflexion, je vais exposer certaines spécifiques choses quant à ma personne.

Certes, parfois, la réalité est en dépit de la logique, ou du moins de notre logique qui est corrompue par notre déroutante vision de la vie et de la justice, et par conséquent, du "Bien" et du "Mal".

La philosophie devra aborder tôt ou tard l'existence extra-terrestre, je veux, dire la possible notion du "Bien" et du "Mal" d'une manière universelle, et non typiquement réduite de celle terrestre.

Nous verrons cela ultérieurement.

Pour ce chapitre, je vais devoir exprimer ce que je suis, ce que je sais, et surtout ce que je ne sais pas.

Pour faire simple, je suis philosophe, inventeur et théoricien.

En réalité, tout est lié dans la Nature, car elle est un Tout, autant dans la réflexion intelligente que dans les sciences, ces dernières n'étant segmentées en « Domaines » que par l'Homme.

C'est un phénomène déconcertant en nos jours actuels, d'oser mélanger les deux, mais, en l'ancien temps, les philosophes étaient des scientifiques, et les scientifiques étaient des philosophes.

Ce n'est qu'au 20ème siècle, que des abrutis se sont crus être des scientifiques, en séparant les deux disciplines pour faire montre de (fausse) rigueur intellectuelle.

En fait, cette manœuvre a été entreprise par des personnes qui n'avaient qu'un bagage de connaissances, et aucune faculté d'intelligence.

Cette guerre interne a commencé avec l'accroissement des connaissances et du nombre d'érudits, scindant en deux groupes distincts, les intelligents et les intellectuels, ces derniers étant jaloux des premiers, possédant ce qu'ils ne pourraient jamais acquérir.

Donc, leur nombre augmentant, prenant le pouvoir aux places dominatrices d'éminence de leurs aïeux, ils ont édicté leurs lois pour définir ce qu'était la science, décidant ainsi de ce qui en était, et n'en n'était pas, de ce qui était à considérer, et de ce qui était à mépriser. Leur vanité a déifié la connaissance au détriment de la réflexion, pour se définir comme supérieurs dans un domaine auquel ils auraient rapidement avoué leur limites, en la faculté de l'intelligence, une prouesse cérébrale seule décelée par la maîtrise de la réflexion pure, la philosophie.

Ils n'ont eu que la solution de la faire officiellement divorcer l'une de l'autre.

Et dans toute séparation, le mépris entre en jeu.

Mise au point terminée.

En tant que théoricien, j'ai découvert la réponse à certaines énigmes, les erreurs fondamentales des considérations scientifiques sur les fonctionnements, en physique comme en chimie, la méprise de la réflexion d'Einstein, ou de simples manquements, comme en biologie au sujet de l'explication par l'évolution Darwinienne, qui n'est pas plus que la narration d'une observation basique.

Travaillant personnellement sur ces sujets sensibles, j'ai été abordé par un ex agent d'une « Agence », si tant est qu'il soit possible d'être un « ex », de la « CIA », par exemple.

Cela s'est passé en Californie, décembre 2014-janvier 2015, dans un état où je vivais depuis plus d'un an.

Je fréquentais régulièrement un café, où j'ai rencontré une personne âgée de la soixantaine.

Il a été une des rares personnes à avoir engagé la conversation avec moi, en plus d'une année en ce pays.

Il a très vite abordé des sujets délicats comme les sciences particulières.

Je dis « sujets délicats » car ils ne servent pas à une discussion avec un quidam, déjà autant pour leurs intérêts que pour leurs niveaux de connaissance nécessaires et d'intelligence requis.

Nous ne pouvons pas parler de la théorie de la Relativité avec n'importe qui, d'une part, parce qu'il peut trouver cela rapidement barbant, et d'autre part, parce qu'il peut ne pas avoir, ni le niveau intellectuel, ni le savoir pour, à la fois, comprendre la discussion, et y répondre.

Alors, dès qu'il s'agit de points encore plus délicats comme les "Black Projects", censés ne pas exister, être seulement le résultat de fantasmes de complotistes, ou simplement même de la nouvelle technologie et de la science extra-ordinaire, ou pire, quand il s'agit de technologies extra-terrestres, alors, le risque est encore plus important d'en discuter avec le quidam, qui vous prendrait immédiatement pour un illuminé.

J'étais ce quidam.

Un inconnu, n'importe qui.

En fait, je pensais être un anonyme, mais pas pour tout le monde, ou du moins n'importe qui.

Mais cela, évidemment, je ne l'ai compris que bien plus tard.

Très rapidement, cette personne a parlé de son travail actuel, détective privé international.

Oui, international, c'est bien loin d'être commun.

Mais, surtout, il m'avouait être un militaire à la retraite.

En ce point, rien de bien étrange, ni de rare, sauf qu'il m'a immédiatement avoué avoir travaillé sur la base de MONTAUK, que je ne connaissais pas alors.

Et qu'il y avait vécu des expériences confidentielles comme le "Remote Viewing".

Au fur et à mesure de nos rencontres, nous échangeâmes des informations, essentiellement de sa part.

Mais surtout, à chaque révélation de ce que je ne connaissais pas, je m'informais le soir sur internet, et le lendemain, je lui posais des questions, pas trop indiscrètes pour ne pas avoir à en révéler trop sur mes recherches. Le motif de notre "fortuite" rencontre.

Aux USA, et en ce qui concerne certaines agences comme la CIA ou la NSA, ou certaines autres obscures ou non existantes, rien n'est dû au hasard...

Ainsi donc, je lui demandais si cette technologie du "Remote Viewing", que je ne connaissais pas auparavant, fonctionnait, et s'il l'avait testée personnellement.

La réponse par l'affirmative fut double.

Je me trouvais donc face à un militaire qui avait participé à des tests scientifiques secrets sur une technologie secrète et dans une base secrète (MONTAUK).

Ce n'est pas l'apanage du simple troufion.

Je me lâchais donc, et lui avouais les projets sur lesquels je travaillais, et notamment l'anti-gravité et le nucléaire sans déchet.

Parallèlement, je lui disais que je ne considérais pas EINSTEIN comme un génie.

Une confidence que je ne fais quasiment jamais, car elle est stérile de discussion, vu que la plupart des personnes ne peut en comprendre la justification, à cause d'une double contre-indication mentale à toute commune conversation, d'une part, la nécessité d'une longue démonstration, et surtout d'autre part, le besoin que l'interlocuteur aura de se défaire de son idée préconçue inculquée depuis son plus jeune âge, comme quoi EINSTEIN est le génie de l'Humanité, du 20ème siècle, tout comme sa fameuse équation réputée inaltérable.

Édicter un tel blasphème civil, impose d'expliquer le pourquoi du comment, mais avant cela, la nécessité d'exprimer ce qu'est réellement cette théorie de la Relativité, car la plupart des personnes ne connaît de cette théorie, que son nom.

Donc, déclamer ceci, est un risque d'occasionner l'ennui à son interlocuteur, ou de passer pour un abruti, ou un fanfaron.

Sa réponse a été la plus surprenante de ma vie, du point de vue du discours scientifique.

Il était d'accord avec moi, et ce, sans avoir eu à expliquer quoi que ce soit, simplement, parce qu'il était arrivé aux mêmes conclusions que moi, auparavant.

Pour lui aussi, Einstein n'était pas un génie.

Par la suite, il m'avoua qu'il faisait par le passé, des conférences dans des universités, et qu'il les commençait en écrivant sur le tableau noir : $E \neq mc^2$.

Il apparaissait donc, de moins en moins comme le militaire lambda...

Je lui parlais vaguement de mes recherches en lui précisant que je n'écrivais plus rien à leur sujet, sur mon ordinateur.

Il me confirma que j'avais bien raison d'être prudent.

Et il me dit que de telles découvertes valaient bien plusieurs millions.

Je commençais à comprendre la perche qu'il me tendait.

Une situation de détective privé international, ce qui sous-entend un tissu de relations de haut vol, avec un passé d'ancien militaire qui a travaillé sur des projets secrets dans des bases secrètes, ne pouvait faire de lui, un quelconque militaire, mais plutôt un membre d'une agence comme la CIA.

Et doté d'une compétence et d'une intelligence scientifique qui lui avaient donné l'opportunité de faire des conférences dans des universités, et, spécialement en ajoutant le fait qu'il ne reconnaissait pas Einstein comme un génie, tout cela faisait davantage de lui, une personne hors de l'ordinaire.

On ne rencontre pas de telle rare personne fortuitement, notamment aux USA, qui est un pays où, je pense, le « Hasard » n'existe pas...

Il est l'exception qui confirme la règle que je dénonce, en déclamant que les américains sont des abrutis.

Un jour, il me parle de Jacques VALLÉE.
C'était bien un nom que je connaissais, mais dont j'avais oublié l'identité. Je me suis rappelé qu'il était ce français spécialiste des « OVNI », qui avait migré aux USA dans les années 60. Il est celui qui avait établi les différentes classifications de rencontres avec le monde extra-terrestre, et qui avait inspiré SPIELBERG pour son fameux film « La Rencontre du 3ème Type ».

Je m'aperçus qu'il vivait en Californie à une centaine de kilomètres d'où je résidais, et je posais la question à mon nouvel « ami », s'il était difficile de le rencontrer ?

Il me répondit que non...

J'étais déjà, en ce temps-là, face à un dilemme, car j'apprenais alors, de jour en jour, et depuis des mois, d'autres informations, de sales informations sur les USA, sur ceux qui la dirigent réellement, sur leurs objectifs belliqueux, sur leurs viles manières de faire.

Et par ailleurs, par certaines affaires personnelles, autant aberrantes que malhonnêtes, auxquelles j'étais confronté depuis des mois, je découvrais les USA comme ce qu'ils étaient réellement, tout à l'opposé de ce que leur communication médiatique en prétend les vertus depuis des décennies, et en les dépeint au monde entier.

J'avais alors, un an auparavant, décidé de m'installer dans ce pays, et avais fait une demande d'asile politique, qui était en instruction à San Francisco.

Le nouveau dilemme portait sur l'opportunité de travailler dans un domaine extra-ordinaire et extraordinairement intéressant, et sans commune mesure avec le commun des mortels, sur des projets sensibles et secrets, avec la mise au parfum de tout ce qui s'y rattache.
Mais aussi, cette « aubaine » était associée au fait de travailler pour des personnes inconnues, dont je ne connaîtrais sans doute jamais l'identité, mais en tout état de cause, pour des salopards, si même ils étaient des humains, ou des terriens...

Empiler pour une telle entreprise est à double tranchant, celui de découvrir des choses insensées, et celui d'être obligé de la fermer à jamais.
Et par dessus tout, impossible de faire marche arrière, et encore plus impossible d'avoir une conscience. Une chose dont j'étais déjà, malheureusement, pourvu.
J'avais saisi le piège, la prison dorée dans laquelle pouvait se trouver un illustre comme Jacques VALLÉE. Il savait beaucoup de choses, beaucoup trop au point qu'il ne pouvait plus en discuter avec personne, je veux dire, avec personne de l'extérieur.
Tous ses propos, même en prenant la précaution d'utiliser le conditionnel, feraient croire qu'il divulgue le secret, du moins, du point de vue des paranoïaques « agences ».

Comment rester ouvert, sans discuter de ce qui nous intéresse avec les autres passionnés ?

Une prison dorée, non pas physique, plutôt intellectuelle, et morale.

J'avais à prendre une décision, sans doute la décision de ma vie. Aller plus loin, savoir ce qu'il y a de plus désirable scientifiquement, ou, conserver ma liberté, de penser et d'être.

Je savais que si j'optais pour la première, certes des plus alléchantes, je le regretterais tôt ou tard.

Une des dernières discussions avaient été des plus intéressantes, des plus intrigantes et des plus réjouissantes.

Le sujet était relatif à l'avancement des USA sur les « Black Projects ».

Avec tout ce que j'avais appris, je savais que ces recherches étaient plus qu'abouties, et ce, dans bien des domaines.

Aussi, comme je travaillais sur des projets similaires, je lui avouais ma frustration, présente et future, celle de découvrir des énigmes certes inconnues du monde commun du quidam, mais qui étaient connues depuis des années sur Terre, quand bien même au sein de départements secrets.

C'est inventer quelque chose qui existe déjà, tout en le présentant à des personnes qui n'en connaissaient pas encore l'existence.

C'est gratifiant face à eux, mais, dans l'absolu, c'est frustrant, car honnêtement, ce n'est plus une découverte.

Et donc, je lui faisais part de mon intention d'arrêter mes recherches vu que c'était, en définitive, une perte de temps.

Et j'ai eu de sa part, la plus grande révélation.

Il m'a conseillé de continuer car leurs projets étaient certes très avancés, mais pas parfaitement aboutis, puisqu'ils étaient bloqués sur plusieurs d'entre eux, par un élément commun, une sorte de clé de voûte qui leur faisait défaut.
La plus importante et réconfortante des déclarations. Les américains ne sont pas scientifiquement omnipotents.

Quant à travailler pour la CIA, ou autres organisations obscurantistes, on sait que l'on y entre, mais aussi, qu'on n'y en sort pas, du moins, vivant.
Et puis, comme on ne sait jamais pour qui on travaille réellement, ni même pour quelle véritable cause, et même pour quelle(s) agence(s), puisque plusieurs sont imbriquées dans ces projets secrets, sensibles au plus haut point, allant de la Secret CIA (département occulte de la CIA concernant ces projets), à la NSA, DIA, et autres encore moins officielles, et connues, c'est une grave décision d'y adhérer.
Je pensais à Jacques VALLÉE, et je me disais que je ne voulais pas me retrouver dans sa triste et déprimante situation.
Je l'imaginais aisément, confronté pour toujours au paradoxe, celui d'avoir été affranchi de presque

tous les mystères de ce domaine, mais aussi d'être condamné à ne pouvoir les partager, ni même à en discuter comme un passionné, un quidam.

Tout ce qu'il pourrait dire, même sous le sceau du conditionnel, de l'hypothèse, de la théorie, et même si cela avait été pris avec ces pincettes de précautions par ses interlocuteurs, les membres des agences concernées n'auraient jamais pris cela pour de la vulgaire discussion intellectuelle.

En sachant, en ayant pris connaissance de cause, paradoxalement, il est devenu moins libre que nous, qui ne savons pas, ou du moins presque rien.

J'avais ce choix, de travailler pour des gens que je ne connaissais pas, aux desseins non révélés, ou fallacieux, ou obscurs, et pour cela, d'être face à des divulgations, des connaissances, des preuves extraordinaires pour le quidam, bref, ce dont tout homme dans l'ignorance est en quête, mais me taire à jamais, envers le monde extérieur, mes communs semblables, en perdre toute liberté de parler, de réflexion, d'acte, de déplacement,.

Ou alors, rester libre, quitte à continuer ma quête, plus longue certes, mais sans devoir rien à personne, aucun compte à rendre, aucun devoir, aucune obligation à tenir quels qu'ils puissent avoir été.

Et comme je connaissais déjà la frustration intellectuelle, celle de ne pouvoir partager, échanger son savoir, au titre de mes très sensibles découvertes, je ne voulais pas amplifier cette déjà triste sensation...

La théorie de la Vie extra-terrestre

La question se pose souvent.
Elle reflète la volonté de savoir si nous ne sommes pas seuls dans l'Univers.
La crainte de la solitude apparaît plus forte que la curiosité de découvrir un autre monde, différent.

Toutes les recherches se basent sur une vie identique à celles que nous connaissons.
Les espoirs sont calibrés sur le fait de trouver une vie similaire à la nôtre.
Les craintes celées sont celles de se faire découvrir par des civilisations plus évoluées ou des vies organiques plus « méchantes ».

Découvrir une vie similaire à la nôtre sur une autre planète n'apporterait aucune réponse sur l'Univers, sur ce qui pourrait le gérer, et ne serait d'aucune utilité scientifique. Juste une connaissance de plus.

Le seul « plus » serait l'annihilation de la pensée de l'état solitaire de notre espèce.

Sinon, à part un aspect « astrographique », rien ne serait intéressant.

L'environnement terrestre est ce qu'il est, et la découverte d'une planète jumelle ne servirait d'aucune preuve supplémentaire à celles que nous avons déjà, pour de telles formes d'existences.

Le seul intérêt de la quête d'autres espèces de vie serait d'espérer trouver un développement différent par ses structures, ses adaptations, ou du moins, par son évolution temporelle.

La peur instaurée par les romans et les bandes dessinées apporte au moins une ouverture d'esprit quant à la pluridisciplinarité de la vie, si tant est que nous ayons un besoin de preuve.

La crainte de se trouver face à un ou plusieurs ennemis ou fléaux, n'est pas à exclure.

Une civilisation plus évoluée technologiquement ou scientifiquement n'est pas un gage de sagesse.

Cette même sagesse peut faire découler la volonté juste d'asservir un peuple sous-développé, sous l'alibi, même involontaire, de le faire évoluer.

N'est-ce pas la loi naturelle de l'Homme et de la Vie en général ?

Et le terme « Homme » ne veut pas dire obligatoirement « Terrien ».

Tout est en perpétuel mouvement, et croire en un repos statique et définitif n'est que pure utopie.
Rien n'est jamais acquis définitivement.

Dans cette combinaison probable d'une vie extra-terrestre, le plus intéressant est de trouver une forme de vie différente de la nôtre.

A quoi servirait de savoir que nous ne sommes pas seuls dans cet Univers ?
Savoir qu'ailleurs s'est développé et se développe une vie organique jumelle à la nôtre ne prouve rien, et n'apporte rien.
Si elle est sur notre planète sous cet aspect, il y a plus que de la conviction pour déterminer qu'il y ait ailleurs, des phénomènes semblables avec les mêmes donnes et les mêmes milieux.

Quant à l'espérance ou à la recherche de preuve, relative à la théorie selon laquelle l'origine de la vie terrestre proviendrait d'un apport extérieur, cela ne détermine qu'une stupidité de pensée.
Dans cette hypothèse, la question en suspend ne serait déplacée que dans un autre lieu :
D'où proviendrait alors cette ancestrale vie extra-terrestre ?
Mais surtout, cela démontre une vision nombriliste de l'espèce humaine qui ne considère sa vie, et sa provenance, que sur un plan terrestre, mettant à part le reste de l'Univers.

Déplacer le problème ne le résout pas toujours.

Un petit mot sur notre tentative de contact extra-terrestre via la sonde Voyager.

Le message adressé aux « Aliens », par la sonde Voyager 1 en 1977, est assez puéril et ridicule.
Une vidéo se visionnant sur un écran, avec juste un bouton à appuyer, aurait été un mode plus cohérent, explicite et sérieux.
N'ayant pas fait ainsi, d'une part, nous leur démontrons l'arriéré de notre technologie, puisque nous ne sommes même pas capable de proposer un simple système tel que je l'ai décrit précédemment, et d'autre part, nous leur offrons un message qui n'en est pas un, mais plutôt un dessin pauvre, imprécis, et portant à confusion. Nous passons pour des ploucs.
Un simple livre muni de photos aurait été plus efficace et plus démonstratif, du moins, moins consternant, voire désastreux.
De plus, le message n'est destiné uniquement qu'à des individus qui sont aptes à aborder et à pénétrer dans ladite sonde.
Une sonde qui persiste à vagabonder, car, de tous les corps célestes qu'elle a croisés, même s'ils ont été « habités », même par une espèce « aussi » évoluée que la nôtre, nul n'a pu connaître l'existence de ce message, celé et verrouillé en son sein.
Donc, il n'est destiné qu'à des chimpanzés de l'Espace qui, soit, ont la technologie du vol spatial contrôlé afin d'appréhender la sonde, soit, auront à avoir la chance de la « recevoir » sur leur planète, par un sympathique crash... A eux, d'en reconstituer le puzzle d'un si magnifique message...

Mythes et Légendes

De tous temps, les phénomènes hors du commun ont suscité interrogations et craintes, mais aussi explications et raisons.

Pour ce faire, la science propre n'existant pas en l'esprit de l'Homme, même sous forme de notion, il lui a fallu les trouver dans les élucubrations, magiques et/ou métaphysiques, et ce, parce que les « Aliens » n'étaient pas encore d'actualité.

Depuis, la mode « Extra-Terrestre » est arrivée.

Je dis « mode » car, par le passé, il y eut des témoins visuels de vols d'« OVNI », d'« Aliens », et même de crashs d'« OVNI », et même de dépouilles, et pourtant, ils n'avaient pas provoqué la ferveur que nous connaissons depuis les années 40.

Cette « mode » est compréhensible.

Auparavant, tout était relié au Divin, et donc, ces observations étaient interprétées sur ces références.

Avec l'avènement de l'industrie et de la science, le rationnel a pris le pas, « grâce » au pragmatisme intellectuel.

Et la notion de corrélation divine fut écartée.

Et donc, nous avons commencé à traiter ces phénomènes d'une manière factuelle, matérielle et cartésienne.

Et donc, dieu étant viré de ces réflexions théoriques, la seule restant était celle « Extra-Terrestre ».

J'ai déjà abordé les précautions à prendre quant aux interprétations orientées, celles de vouloir y voir nécessairement ce que l'on cherche à prêcher.

Donc, amusons-nous un peu avec deux exemples, qui pourraient servir de cas d'école de raisonnement.

Rapa Nui, l'« île de Pâques ».

L'île a la forme d'un vaisseau « Alien » bien connu, le triangulaire.

Nous pourrions même y voir ce qui serait son arrière, en la partie sud-est de l'île.

Donc, nous pourrions dire que l'île s'est bâti sur les restes d'un vaisseau spatial.

Cela expliquerait comment les Moaï ont été transportés, puisque la légende des autochtones raconte qu'ils se déplaçaient par eux-mêmes, la nuit.

Peut-être un reste du système anti-gravité de l'engin spatial.

Et lorsque sa puissance s'est éteinte, les statues géantes devenant impossibles à transporter, du jour au lendemain, les Haumaka, premier peuple de l'île de Pâques, ont arrêté leur réalisation, et ont laissé en plan les sculptures où elles en étaient...

Il y a une très grande question au sujet de cette île, antérieure à cette mode du Moaï.
Il est supposé que les premiers occupants sont arrivés depuis les côtes ouest de l'Amérique du Sud.
Soit, 4000 kms à la rame !
Cela peut-être acceptable comme théorie uniquement si on explique une motivation, un but de la part de ces individus.
Or, comment auraient-ils pu prendre la mer, au hasard, sur des supposées pirogues, ayant l'opportunité de partir dans bien des directions, et tomber pile sur une île, dont ils n'en avaient ni la vue, ni la connaissance, et ce, après un tel périple ?!
Si nous acceptons ma théorie comme non farfelue, nous pourrions dire que le crash du vaisseau aurait été vu et observé depuis ces côtes sud-américaines, et qu'une lueur persistante aurait attiré l'attention et la curiosité de ces continentaux, et qu'elle leur aurait servi de point d'orientation, tel que nos phares maritimes le font.
Ils pensaient que c'était une divinité, et qu'ils avaient à la rejoindre.
Arrivés sur place, ils n'ont eu qu'à s'installer, puis, à vouer un culte à cette divinité atteinte, mais non joignable.
Les Moaï en seraient la représentation fétichiste.

Les Pyramides égyptiennes.

Il y a une erreur manifeste de réflexion sur le passé.

Il faut arrêter de penser que, nécessairement, le futur est l'avancée, et que le passé n'est relatif qu'à des personnes arriérées et stupides.

La connaissance n'ayant rien à voir avec l'intelligence, et même plutôt le contraire puisque peu de connaissance requiert davantage d'intelligence pour réaliser quelque chose d'identique, il ressort que l'Humanité n'a que peu évolué sur ce plan.

Les mêmes faits divers du présent se retrouvent dans le passé lointain de l'Égypte ancienne.

Il y a seulement plus de personnes éclairées, en fait informées, que par le passé.

Mais, l'intelligence de l'Homme n'a que peu progressé dans sa qualité. Elle s'est répandue. Point.

Ainsi, partisans que nous sommes, du moindre effort, assistés de machines, ne sachant de moins en moins faire d'une manière manuelle, et notamment les tâches ardues, longues et difficiles, nous n'avons plus la capacité d'entrevoir la détermination dont l'Homme est cependant capable.

Nous pensons à 8h par jour, 5 jours par semaine, alors, qu'auparavant, non seulement le temps n'était pas compté, mais en plus, le travail était l'occupation principale, ne sachant ce que sont les loisirs. Je parle évidemment des quidams, pas des dirigeants.

Nous n'avons plus l'état d'esprit pour le travail laborieux *ad vitam eternam*.

Donc, il nous est difficile de croire en la capacité de réalisation de tels exploits, nécessitant autant de temps, et ce, avec des outils rudimentaires.

Nous ne nous posons cependant pas ces questions au sujet de la construction de nos cathédrales, mais, dans quelques siècles, nos descendants se demanderont comment nos aïeux ont-ils pu bâtir de tels chefs-d'œuvre, manuellement.

Pourtant, les outils étaient tout aussi primitifs que sous l'ancienne Égypte.

Et les mathématiques, et la géométrie sont universelles.

Point n'est besoin de consensus international pour atteindre les même résultats, ou pour avoir les mêmes objectifs dictés par la notion de recherche d'idéales proportionnalités.

Par exemple, le cercle est la forme la plus élémentaire qui vienne à l'esprit.

Viennent ensuite le triangle et le carré.

Muni de ces 3 formes, même uniquement des deux premières, tout est envisageable, dessinnable, calculable, et proportionnable.

Le raisonnement de la logique et l'estimation des côtes esthétiques sont universelles et uniformément répandues chez l'Homme, quelle que soit sa civilisation, sa contrée géographique, son époque.

La proportion est la clé d'usage.

L'autre problème des scientifiques actuels est leur limite intellectuelle.

Ils pensent en tant qu'occidental du 20ème siècle, tant en faible force de caractère au regard du travail manuel, qu'en mode de réalisation technique.

Ils prennent les anciens pour des abrutis, uniquement parce qu'ils ont vécu il y a des siècles.

Mais, par dessus tout, leur médiocre mode de pensée leur fait imaginer le mode de raisonnement de ces illustres, tel qu'ils l'ont eux maintenant.

C'est pour cela, que ces andouilles contemporains ne comprennent pas les plans de réalisations, les mesures de ces architectes d'antan.

C'est tout simple, pourtant.

Certes, il suffit d'avoir des neurones.

Les « savants » de notre temps présent utilisent un mode de calcul inapproprié, et fondamentalement différent de celui utilisé alors, en Égypte ancienne.

Ainsi bêtement fait, la compréhension du Tout ne peut se faire.

Je connais personnellement l'erreur commise par ceux qui se posent des questions de mathématiques et de géométries quant aux pyramides, parce que j'ai compris l'ancestral mode de calcul de ces bâtisseurs, et le pourquoi de la présence du nombre d'Or, et de Pi en leur construction.

Je ne m'étendrai pas davantage sur le sujet, pour l'instant, laissant ces éminences écervelées à leur pitoyable sort d'orgueilleux ignorants.

Les desseins inanimés des « Aliens »

Deux dogmes, un positif et un négatif, sont disputés en ce qui concerne l'estimation de la nature des « Aliens ».

Il y a ceux qui croient, et même qui militent, selon le fait qu'ils sont « bons », leur échelle d'estimation se basant uniquement sur leur supposée très grande avancée technologique.
Et je l'ai déjà démontré, ce raisonnement est aussi naïf qu'il est en est ridiculement stupide.

Et puis, il y a ceux qui les craignent, pensant qu'ils sont fondamentalement et essentiellement « mauvais », dangereux, qu'ils sont un risque pour notre espèce parce qu'ils sont plus évolués que nous autres, humains terriens, et donc, qu'ils doivent détenir des armes supérieures aux nôtres, et aussi et surtout, parce que ces débiles feraient ainsi en de telles circonstances de suprématie militaire, tel qu'ils l'ont déjà fait par le passé, prenant possession des territoires et des richesses de peuples plus faibles.

Dans ce cas précis, je parle des abrutis d'américains, non pas le peuple, mais bel et bien ceux qui les tiennent en laisse, ceux des agences comme la CIA, NSA, DIA, NAVY, à la fois paranoïaques et poules mouillées.

Nous pouvons observer que ces deux ridicules considérations, opposées mais communes sur le point de référence, ne portent que sur une stupide déduction relative uniquement à la détention du seul objet technologique dont nous avons la certitude qu'ils utilisent, leur engin « volant ».

J'ai bien dit « détention », et rien d'autre.

Le risque vient plutôt de là.
De ces cons.

L'adage « La Guerre est trop sérieuse pour être confiée à des militaires » n'aura jamais été aussi vraie.
De nos jours, et au regard des américains.

Pour information, et pour exprimer leur niveau, j'ai voyagé dans plusieurs pays, d'Afrique, du Moyen-Orient et d'Europe, et je n'ai jamais rencontré autant et de tels abrutis, d'un niveau si médiocre, que chez les officiels américains, et ce, tant au plan de l'intellect que celui des valeurs morales...

Bref, nous sommes confrontés à une double erreur de considération.

Tout d'abord, pour en revenir au dernier point, ces débiles américains craignent surtout de perdre leur hégémonie, et notre écoute quant à leurs barbants propos moralisateurs dont ils en font la référence à suivre par le monde entier.

Ensuite, la question de cette méprise.

Déjà, nous l'avons vu, le problème est qu'il y aurait plusieurs espèces d'« Aliens ».

Et donc, ce dichotomique fourvoiement se porte sur chacune d'entre elles.

Si nous partons du principe fourni par l'exemple de l'espèce humaine, et même des autres animaux évolués terrestres, nous pouvons accepter le fait qu'il y a, au sein de chacune des espèces, des races, des êtres, des éléments « Bons », et des « Mauvais ».

Je passerai sur le point philosophique de la définition du « Bien » et du « Mal », autant dans sa généralité que dans sa définition personnelle, cependant, nous pouvons constater des attitudes et des comportements distincts, voire opposés, au sein d'une même famille, d'une même portée.

Que l'on définisse le « Bon », le « Bien », le « Mauvais » et le « Mal », de quelque manière, des réactivités, notamment fondamentales face au milieu extérieur, sont différentes, allant de quelques nuances à une franche discordance, et même une opposition.

Si nous partons du postulat que la Nature est la même partout dans l'Univers, nous pouvons établir le principe selon lequel toutes les espèces que nous appelons « Aliens » pour des raisons de commodité de langage, sont du même bois, subissent les mêmes problèmes de parité de ces qualités duales.

Le problème reste et restera pour toutes les espèces, leur proportion en chacune d'elles.

Si les « Aliens » étaient si bons, je veux dire que si, au moins une espèce voulait notre bien, il y a longtemps qu'elle aurait agi.
Et s'ils étaient si mauvais, nous serions déjà envahis, gouvernés.
Il est même probable que les deux soient arrivés d'une manière incognito ou insidieuse...

Le problème est le paradoxe.

Au titre des « bons » desseins, il suffit qu'un d'entre ces peuples, décide de nous faire évoluer.

Au titre des « mauvais », il faut admettre qu'il est possible que leur(s) instigateur(s) se trouve(nt) en butte à d'autres espèces qui opposent leur veto, occasionnant une sorte de protection par un contre-pouvoir.

Et quand nous parlons d'« évolution », il concerne deux domaines, celui technologique et celui que nous pouvons appeler de « spirituel », non pas pour une quelconque liaison avec une supra-divinité, mais au sujet des valeurs nobles de l'esprit et de ses notions appropriées.

L'apport technologique n'est pas important.
Nous l'avons vu dans un chapitre précédent.

Ce qui importe c'est la connaissance de l'immatérialité, si tant est que nous ne nous retrouvions pas face à un univers non concret, non physique, présentant toutes les tares que nous observons et subissons déjà dans notre monde dit « réel ».
Car, nous n'avons aucune garantie selon laquelle l'immatérialité exclurait le « Mal », le « Mauvais ».

Il est une problématique de l'ordre du paradoxe.
Le « Bien » comme le « Mal » proviennent de l'esprit, ce dernier étant le parangon de l'immatérialité.

Donc, pourquoi le Monde immatériel auquel se réfère l'esprit, serait épargné, exempté de la présence de ces deux antagonistes valeurs ?

L'apport spirituel est plus intéressant, car, à moins de considérer notre vie comme un jeu, un challenge à relever, ou une mise à l'épreuve, des dogmes qui réitèrent ceux des religions, il est urgent de recouvrer une situation des plus propres sur le plan de la morale.

Donc, la question évidente qui arrive à grand pas est :

Pourquoi nous laissent-ils, ces « Aliens », ne serait-ce qu'une espèce d'entre eux, dans un merdier, et ce, d'une manière constante depuis l'aube des temps ?

Pourquoi ne nous aident-ils pas, simplement en éliminant les salauds qui détiennent le pouvoir ?

Pourquoi ne mettent-ils pas simplement une ou plusieurs personnes honnêtes aux pouvoirs, et qui dirigeraient, d'une manière juste et intègre, toutes les nations d'une poigne dictatoriale ?

Avec leur supposée technologie extrêmement avancée, il leur serait facile de déceler et de trouver les bonnes personnes...

Les « Aliens », du moins ceux qui connaissent notre existence, ne sont nullement un risque pour l'espèce humaine terrienne, car, s'ils avaient voulu prendre le pas sur nous, ils l'auraient fait depuis longtemps.
Et s'ils ne l'ont pas fait, c'est bien qu'ils ne sont pas belliqueux à notre égard.
A moins qu'ils ne nous aient déjà envahis, et qu'ils nous contrôlent insidieusement.
Et si leurs desseins étaient de nous soumettre, il serait étonnant que leur stratégie soit d'attendre, vu que nous progressons de plus en plus en matière d'armes, du moins défensives...

Pourquoi donc attendraient-ils ?

A moins qu'ils ne soient à la recherche de quelqu'un ou de quelques uns d'entre nous, une tâche impossible à réaliser sans un recensement exhaustif de la population des humains terriens, et un « œil » sur les faits et gestes de tout et tout le monde, ce, sans les moyens de l'informatique et du réseau internet.
Au temps passé si peu lointain, il était impossible de nous dissocier, de nous départager, de nous discerner, de nous inventorier car les bases de données et les archives n'étaient pas numérisées, fichées, classées et surtout accessibles en un point central, permettant toutes les recherches et tous les recoupements possibles.
Mais « grâce » à ce que nous déversons dans les réseaux sociaux, aux informations récoltées par les sites internet, aux banques de données multidisciplinaires constituées, qu'elles soient commerciales, administratives et confidentielles, les « Aliens » ont depuis lors, tous les outils nécessaires pour cibler ceux qui les intéressent, et ceux qui ne seraient pas de leur définition...

S'ils utilisent ce moyen pour déceler les plus intègres, les plus honnêtes et les plus intelligents d'entre nous, pour en faire quelque chose de positif comme les mettre au pouvoir, ou simplement pour détecter et éliminer les criminels, ce ne serait pas une mauvaise chose.

Mais, s'ils sont des adeptes du « Grand Salaud », à l'instar des véritables et occultes meneurs des USA (ceux des systèmes fédéraux, pas les membres des gouvernements qui changent tous les 4 ans...), ils donneront les moyens à ceux-là...
Si ce n'est déjà fait.

L'avènement d'internet est un véritable risque, bien évidemment, si les « Aliens » ont des objectifs non pacifiques à notre encontre.

Auparavant, sans nos moyens de communications actuels, ils restaient ignorants, ou du moins, devaient s'infiltrer en nos civilisations pour savoir, connaître, détecter ce qu'il s passait.
La télévision leur fournissait déjà beaucoup, mais pas au niveau individuel.

Quant à nos connaissances, pour en déterminer le stade, tout autant que nos pensées et nos aspirations, ils avaient à lire tous les livres, une manière fastidieuse et laborieuse, puisque c'est une tâche à réaliser dans chacune des civilisations et en chacune des langues.
Quasiment impossible à réaliser, à la fois techniquement et physiquement, et en son caractère insatisfaisant de sa non exhaustivité.

Avec internet, les « Aliens » ont accès à toutes nos connaissances, mais aussi et surtout, à toutes nos erreurs, nos manques, nos pénuries, et donc, nos faiblesses, et nos pensées.

Ils en savent beaucoup, beaucoup plus qu'auparavant, et, pauvres de nous, nous leur offrons cette opportunité de tout connaître, même nos secrets les plus intimes.

S'ils sont juste curieux, cela va.
Mais s'ils sont belliqueux, nous sommes en train de leur fournir, non pas les armes, mais bien plus que cela, les clés pour nous éliminer, ce, étant la meilleure des options, voire pour nous asservir.

Si ce n'est déjà fait partiellement, par le monde technologique, internet inclus, auquel nous sommes quasiment tous accros, et qu'ils nous auraient généreusement offert...

Nous posions la question du pourquoi de leur attente, au cas où ils auraient un néfaste objectif en ce qui nous concerne.
La réponse est peut-être là, juste le temps nécessaire d'apprendre le plus de nous, afin de nous maîtriser de la plus efficace des manières.

Donc, dans la meilleure des hypothèse, et selon certains points que nous avons retenus précédemment, ils ne nous veulent pas nécessairement du bien, mais, pas du mal, non plus.
Pas nécessairement du mépris de leur part, mais de la curiosité, comme un passe-temps, et sans doute, très peu de respect.
Leur dessein à notre endroit, n'est pas de nous éliminer, il n'est pas, non plus, de nous aider, mais

seulement de nous asservir de la meilleure manière ; meilleure pour eux...

Juste à chacun de nous, d'en tirer les marrons du feu...

Le seul véritable cadeau que pourraient nous apporter les "Aliens" est, non pas la technologie, mais la paix, c'est-à-dire, l'éradication de la vermine qui gouverne tous les états.

Certes, cela pourrait se passer par un apport technologique aux gens du "Bien", pour combattre et éliminer définitivement cette racaille étatique.

Mais, en aucun cas, ce ne serait une bonne chose en l'état actuel des choses, par l'offrande de connaissances telle qu'ils l'ont faite par le passé, à ceux-là qui gangrènent le monde depuis l'aube des temps, et dernièrement et spécifiquement à certains meneurs des USA.

Que nous restions dans la même merde sociale et politique, mais munis de gadgets et de jouets technologiques extra-ordinaires venus de nos supposés amis "Aliens", n'apporte strictement aucun intérêt.

Ce ne serait pas une évolution, encore moins une progression, mais seulement un leurre de plus pour nous détourner de notre objectif de quête de meilleur des mondes, par un éphémère contentement laissant place à la résignation de notre condition.

Du pain et des jeux !

Le voyage temporel

Le voyage temporel est l'un des plus grands fantasmes de l'humain terrien.

Cependant, il peut se présenter sous différentes formes, différentes approches, qui, selon laquelle est entreprise, peut parler d'une possibilité physique et technique, ou alors, d'une aberration irréalisable car logiquement farfelue.

Parmi ces différentes définitions, nous avons les deux principes majeurs, le Passé et le Futur.

Par exemple, nous voyageons tous dans le Temps, nous allons tous dans le Futur, puisque le temps passe.

En réalité, quand nous parlons de « voyage dans le temps », il est plus exactement question d'un saut dans le temps.

Ou alors, d'un écoulement de temps différent de celui des autres.

Donc, si nous envisageons le voyage dans le temps de cette façon, la seule correcte au regard d'une manière archaïque mais réalisable simplement, nous pouvons parler de deux phénomènes ; celui d'un passage différentiel, et celui de saut.

Celui différentiel est envisagé comme plus rapide, du moins en apparence, tel que nous pouvons l'expérimenter en hibernation.
L'autre, plus phénoménal, est celui d'un passage plus rapide du temps, et dans ce cas, nous pouvons aussi le voir comme plus lentement.
Paradoxalement, et comme pour le cinéma, nous devons avoir un temps personnel plus rapide pour pouvoir observer notre environnement, le monde extérieur, comme au ralenti.
Et réciproquement, si nous voulons le voir « passer » plus rapidement.

Cependant, il y a une différence entre l'observation et le vécu.

Même si j'en connais personnellement le principe fondamental au point d'avoir établi son principal véritable paradoxe d'impossibilité de réalisation, qui n'est pas le fait du risque de modifier le passé qui engendrerait une incongruité historique, une discontinuité, une non concordance avec le futur tel qu'il est déjà connu par son « voyageur », il relève que je ne peux, en ces lignes, divulguer certains points de compréhensions, des informations sensibles qui pourraient laisser entrevoir des solutions à des problèmes auxquels sont heureusement toujours confrontés certains dangereux abrutis.

Je peux cependant exprimer le fait qu'il faut distinguer le passé du futur.

Si un voyage est possible, ou réalisable d'une certaine manière, avec une certaine approche technologique, ce, dans un sens, il est évident que le transfert dans l'autre sens, est bien différent.
Et je ne parle pas de « sens inverse »...

Pour en revenir à notre chapitre, au regard des « Aliens », il relève qu'il y a, selon les observations des témoins de rencontre du premier type (contact visuel d'un aéronef), un changement des engins observés au cours du temps.
Ceux des années 50 ne sont pas les mêmes que ceux des années 90.

Certes, il y a, sans doute, plusieurs modèles, plusieurs marques de constructeurs, et même plusieurs technologies utilisées, déjà au sein d'une même espèce d'une même planète (ou regroupement), et il y en a d'autant plus au vu du nombre d'espèces d'« Aliens ».

Mais, il convient d'admettre que ce ne sont pas les mêmes engins au cours du temps.

Si le voyage dans le temps leur était possible, non seulement, nous observerions des engins, certes disparates les uns des autres, mais avant tout, de quelque évolution visuelle, et ce, quelle que soit l'époque.

D'autre part, le fait que nous observons comme une évolution des engins au cours du temps de nos observations, il ressort que ces « Aliens » font aussi évoluer leur engin, leur technologie.

Certes, nous pouvons aussi voir le fait que nous n'avions vu que certains d'entre eux, et que maintenant, nous en voyons de nouveaux (pour nous), mais qui étaient déjà conçus auparavant.

Quoi qu'il en soit, le « voyage dans le temps », comme se plaisent à dire les accros à la science-fiction, les béotiens en la matière scientifique et les quidams, est irréalisable, tel qu'ils s'en sont fait l'idée.

Le « voyage temporel », son appropriée dénomination scientifique, est d'une autre approche.

Et son application comme son expérience sont expressément bien plus « pragmatiques »... et moins folkloriques et abracadabrantesques, c'est-à-dire, à la fois plus limitée sur certains points, et plus étendue sur d'autres, notamment quant à ses autres ouvertures sur d'autres champs d'applications.

Si les « Aliens » en avaient la maîtrise, je parle de celle de la vision « romanesque » du quidam, il y aurait un problème plus que paradoxal avec la réalité que nous connaissons, puisqu'il serait de l'ordre de l'irraisonnable, sans aborder la réalité d'un monde immatériel...

En effet, déjà, s'il leur était possible de voyager dans le futur, et d'en revenir (!), ils connaîtraient notre funeste sort dans lequel nous nous sommes engouffrés depuis des décennies avec notre éperdue quête de technologie tous azimuts, dont les plus sensibles et les plus dangereuses sont entre les mains de salauds abrutis, et par conséquent, ils auraient agi en conséquence à leur encontre.

Ou alors, ils laisseraient faire, envisageant que lors de notre catastrophe, ils n'auront qu'à voyager dans le passé pour voir ce que nous étions, et surtout modifier certains paramètres afin que notre (nouvelle) destinée parallèle soit modérément moins scabreuse et fatale.

Ceci n'étant possible qu'en envisageant la théorie banale et basique, mais surtout ridicule, déjà évoquée, et que j'ai écartée, du pouvoir d'impacter le présent en changeant le passé. Hormis cette dernière, nous soulèverions le cas nécessaire de mondes parallèles, une théorie certes acceptable, mais, en revanche, nullement en son dénouement, puisque l'auteur de la cause de l'anomalie dans le passé, qui reste le sien, ne pourra que « revenir » dans le futur, mais son futur présent, dans la même dimension, dans le même champ, dans le même environnement, bref, dans le même monde depuis lequel il est parti originellement.

Il ne verrait nullement, ni ne subirait, ni ne bénéficierait des changements qu'il aurait entrepris, puisque ses irrespectueuses péripéties auront créé un nouveau monde parallèle certes, avec ses conséquences propres, le différenciant de celui de référence, enfin, de référence pour le voyageur temporel qui connaît le futur, son futur qui était son présent d'alors, et un monde depuis lequel il ne peut s'échapper...

Voilà le véritable paradoxe, non pas en une modification du futur, c'est-à-dire du présent de référence du voyageur, mais bel et bien en la création d'un nouveau monde parallèle, non pas qu'il soit parallèle, mais simplement par le fait de sa naissance juste pour un changement causé en un point donné.

Cette problématique est aussi absurde que sa devancière, puisqu'il faudrait incorporer non pas des mondes avançant parallèlement et indépendamment, mais plutôt des ramifications, des embranchements, puisque ce point de modification causerait une divergence, et d'une racine d'un monde naîtraient, à un moment donné, deux mondes issus de la même origine, mais qui poursuivraient chacun leur route.

Sans parler des points temporels d'absorptions qui pourraient neutraliser la nécessité de création d'une branche différemment directionnelle...

Quoi qu'il en soit, il n'est point en comparaison avec le paradoxe fondamental dont j'ai fait allusion précédemment, et sur lequel je ne m'étendrai pas pour des raisons de sécurité.

Pour finir, quel est le primordial bénéfice de la capacité du voyage temporel, notamment dans le futur ?

Dans la mesure où l'on peut revenir au point de départ, bien entendu, c'est de savoir ce qu'il va se passer, et donc, pour en anticiper les problèmes, et ce, pour les éviter, ou du moins, les parer.

Si ces charmants « Aliens » en avaient eu la faculté, il n'y aurait pas eu de crash, puisqu'ils l'auraient su en avance, et auraient fait en sorte d'y trouver une parade, ou de l'esquiver.

Donc, puisqu'il y a eu des crashs d'« OVNI », c'est bien que ces « Aliens » ne savent pas « voyager dans le temps », du moins dans le futur, du moins d'en revenir...

Quant au voyage dans le passé, il nécessite la même réponse pour en retirer un bénéfice, celui de pouvoir revenir au point de référence, celui du départ, même approximatif...

Les évolutions technologiques et leurs problèmes et limites

L'évolution technologique impacte tous les pans d'une société, ses lois, ses limites, ses interdictions, son asservissement.
Et, une progression lente de l'évolution ne garantit pas plus d'un parallèle bénéfice avec la sérénité, la sagesse, la paix.

L'évolution technologique telle que nous la connaissons, d'une croissance exponentielle et tous azimuts, n'a jamais créé, ni même conditionné quelqu'un en une personne plus intelligente qu'elle ne l'était auparavant.

L'intelligence ne s'apprend pas fondamentalement, elle est une faculté. Elle peut cependant se développer, mais il est nécessaire d'être doté d'autres facultés, et de capacités.

Durant toute cette formidable ascension technologique, aucun abruti, absolument aucun abruti humain n'est devenu intelligent, ou du moins n'a réduit sa stupidité.

Bien au contraire, chacun s'en est servi pour pouvoir en faire de moins en moins, pour utiliser encore moins son cerveau en mode de réflexion, et pire, pour accéder à ses médiocres et vils desseins.

En faire le moins possible, le partisan du moindre effort trouve son bonheur en l'objet programmé, automatisé et à disposition sur commande.

De l'utilité, la technologie est passée à la futilité, pour atteindre l'inutilité dès la prise de conscience par l'Homme, du deuxième stade.

Notre destin, ainsi donc, est tout tracé, et notre morphologie tendra vers celle des humanoïdes « grisonnants » dont nous envions la supra technologie, sans en connaître, d'ailleurs, ni son étendue, ni ses limites...

Y gagnerons-nous ?

Esthétiquement, même si tout est affaire personnelle de goût, il restera toujours que l'harmonie, la cohérence et l'élégance ont des chemins communs, et qu'à défaut de le voir sous l'angle du « charme » du laid, ou plutôt du non-beau, charme uniquement parce qu'il n'est point ordinaire, il ressort que les « Gris » sont moches, voire ridicules, tels qu'ils sont éloignés de toute grâce liée à la proportionnalité d'une silhouette équilibrée.

Voulons-nous réellement suivre cet exemple, cette apparence pour le futur de notre espèce ?

La recherche de l'esthétisme, en quelque circonstance et domaine, est affaire d'élégance, de façon de vivre, mais aussi d'appréhender la Vie, et donc d'être de concert avec la Nature, par sa noblesse d'attitude, pour le meilleur des choix.

Si le choix nous est alors donné d'éviter de sombrer dans cette déchéance de respect envers autrui, puisque l'image de chacun de nous est projetée avant tout dans l'univers de chacun des autres, ne devons-nous pas agir pour ne pas leur ressembler, déjà physiquement ?!

Ils ont perdu davantage qu'ils n'ont gagné.

Et s'ils n'ont pas nos mêmes racines, et donc, si leur morphologie n'est pas due au mécanisme de l'« évolution », il y aura une dissociation de mutation.

De notre espèce, il y aura ceux qui conserveront notre apparence actuelle, du moins dans ses grandes lignes, et nous serons peu nombreux, et il y aura ceux qui évolueront vers une morphologie du type des « Gris », vers une corpulence chétive, un corps ridiculement disproportionné sur le plan esthétique (en opposition à celle de l'aspect pratique et nécessaire) puisqu'il sera associé à un crâne surdéveloppé, affublé d'yeux démesurés et d'une bouche réduite.

Et paradoxalement, ces derniers seront dotés d'un niveau intellectuel réduit quant à la faculté d'intelligence, puisque la technologie excessive leur aura apporté l'asservissement, l'assistanat réciproque, tel le cas d'un « maître » qui a besoin de son serviteur, et réciproquement, pour des raisons différentes.

Passé le stade primordial, toute évolution apporte davantage de problèmes que de solutions.

Les premiers pas de la maîtrise de la technologie sont utiles et encourageants, car ils canalisent et suppriment les tâches rébarbatives, domestiques non gratifiantes.

En revanche, passé un seuil, et quasiment ce qui est aussi un point de non-retour, l'accession au delà de ces réductions de tâches de nécessités, nous causera des dommages, de sérieux problèmes et des troubles insoupçonnables et insidieux, qui seront irréversibles puisqu'ils se porteront au fil du temps, et « grâce » à l'évolution « Darwinienne », en des tares intellectuelles et physiques.

Si la morphologie des « Aliens » de type des « Gris » sont sur une base humanoïde (deux jambes, deux bras, deux mains, etc.), c'est bien que c'est la forme de base la plus appropriée à ce qui nous attend au cours de notre vie, et à ce auquel la Nature s'attendait à faire de notre existence.

Si nous avons un désavantage technologique et un déficit de (certaines) connaissances par rapport à eux, nous avons, en revanche, l'avantage de la proximité avec nos origines, avec la Nature, puisque nos corps sont plus proches de ce que la Nature a déterminé à l'origine, au regard de nos destins en tant qu'animal.

Et la forme spéciale et spécifique des « Gris » ne répond qu'aux contraintes de leurs nouveaux environnements, artificiels en tous lieux, qu'ils ont eux-même créés, et en aucune manière à ceux naturels.

Ils se sont, par conséquent, dénaturés à jamais.

Et s'ils sont si disgracieux, c'est bien qu'ils ont perdu, par atrophie et hypertrophie combinées, quelque chose par rapport à nous autres humains terriens, si tant que nous soyons le semblable morphologique de leurs lointains aïeux...

Si, en la Nature, la fonction, la nécessité d'agir ou de réagir crée, du moins développe l'organe qui y est rattaché, et ce, à un niveau de besoin suffisant, il ressort que la réciproque est vraie.

La réduction, voire la suppression d'un usage, amoindrit jusqu'à même sa disparition, l'organe qui y relié, devenu pour le corps, encombrant, et inutile à entretenir et à nourrir.

Les « Aliens » pris en référence, les « Gris », sont le résultat navrant de l'usage d'une excessive évolution technologique qui leur ont fait perdre l'élémentaire, les actes physiques de la vie.

Si tout se commande par l'esprit, se fait par l'esprit, alors, le corps s'atrophie, mais aussi l'esprit, en la faculté intellectuelle de l'intelligence.

Nous en avons la démonstration par l'exemple de Stephen HAWKINS...

Il est en ce point, une précision à fournir pour lever le voile de la confusion ordinairement élaborée.

Le quidam déduit, de par sa propre fallacieuse logique, qu'un gros cerveau offre de tout évidence, de plus importantes et de nouvelles facultés (par rapport à nous autres humains terriens), comme, par exemple, la télépathie.

Il aime à rêver de super pouvoirs.

Certes, certaines nouvelles possibilités cérébrales peuvent demander l'hypertrophie de l'encéphale, mais, déjà, cela n'a rien à voir avec une faculté d'intelligence accrue.

Pour faire un parallèle, visuel et concret, il y a des musculatures très développées, mais qui présentent des forces moindres que d'autres d'équivalence de volume, et même que de plus petites statures.

L'intensité nerveuse fait véritablement le distinguo.

En ce qui concerne le cerveau, il peut être plus volumineux, mais ne pas développer davantage d'intelligence qu'un autre plus réduit, disposant seulement d'une capacité accrue d'une faculté, comme la mémoire.

Un ordinateur peut avoir une très grande « contenance » mémorielle, ou une très grande mémoire vive, et ne pas être plus performant qu'un autre avec de plus petits moyens de rangements de données, les performances réelles étant toutes relatives à l'énergie fournie (électrique), au processeur, et au logiciel incorporé manageant le tout.

Un ordinateur n'est pas intelligent.

Il ne fait qu'appliquer bêtement, sans réflexion, des tâches programmées, et si ces dernières sont ridicules, stupides et aberrantes, ou simplement inutiles et futiles, elles seront quand même exécutées...

Pour en finir avec la mise au point, il faut bien s'ôter de la pensée, la fallacieuse association de la capacité du volume cérébral avec l'intelligence.

Le cerveau est un organe qui a des capacités cérébrales, et qui fournit distinctement les facultés intellectuelles et mentales.

Ces deux qualités occupent deux domaines à considérer comme indépendants, même si des ponts de communications se créent.

Nous pourrions aussi les affubler, respectivement, de la raison et de l'envie, du savoir et de la réflexion.

La technologie est le piège, le miroir aux alouettes pour les niais.

Nous entrevoyons déjà la réduction future des capacités corporelles et intellectuelles de l'Homme, en les nouvelles « assistances » incorporées dans les automobiles, pour exécuter certaines tâches pourtant accessibles à tout un chacun.

Le véhicule est pourtant la chose la plus intéressante dans l'histoire de l'Humanité, car il représente le plus grand objet parmi les plus communs (hors bateaux, avions, etc.), que l'Homme puisse utiliser en le domaine spatial d'au moins 2 dimensions.

En sus de la liberté qui y est associée, le véhicule crée, favorise et entretient des fonctions physiques et surtout cérébrales accouplées.

En effet, l'estimation, le jugement, l'appréciation, la coordination des gestes et des mouvements, ou encore, la création, l'apprentissage et l'assimilation de réflexes, la compréhension de la physique des mouvements, et la confrontation avec le Monde extérieur, et notamment avec ses semblables, sont des paramètres de conduite mentale.

Et nous perdrons ces qualités, pour certaines innées que nous avons cependant développées, et pour certaines autres, spécifiquement acquises.

L'électronique embarquée, qui devient ridiculement outrancière, va nous réduire en l'état de légumes.

Si une assistance de freinage tel que l'« ABS », ou le contrôle de trajectoire exagérée en cas de problème soudain d'adhérence, ou un système de surveillance de l'endormissement du conducteur sont des systèmes intéressants puisqu'ils apportent quelque chose que nous ne pouvons contrôler parfaitement, voire deviner, il ressort que les systèmes tels que ceux réalisant pour son conducteur le stationnement de son véhicule, sont ridicules.

Ils ne sont que des gadgets, que l'on trouve merveilleux pour leur prouesse technologique, tel le gamin qui découvre un nouveau jouet dont il ne pouvait croire en sa possibilité technique.

Quelle perte intellectuelle que d'utiliser que des systèmes qui nous évitent de faire.

Déjà, nous perdrons beaucoup en passant aux véhicules électriques, non pas qu'ils ne seront pas utiles pour obtenir une atmosphère plus saine, mais parce que le véhicule doté d'un moteur à explosion est le seul objet que l'Homme peut posséder, qui présente à la fois, l'usage et la maîtrise des quatre éléments basiques de l'Univers : l'Eau, la Terre, l'Air et le Feu. Et même le cinquième...

Pour les béotiens en la matière, un moteur à combustion utilise le Feu et l'Air (explosion), l'Eau pour le refroidissement, et la Terre (matière constituant le moteur, les métaux, et le carburant).

Le « Mieux » est l'ennemi du « Bien », sera de plus en plus justifié et prouvé.

Alors, si on aborde la question des futurs véhicules à « pilotage » entièrement automatisé, l'enfer du désœuvrement sera déifié sur Terre, puisque, quelle sera l'occupation de l'ex-conducteur, si ce n'est de tenter de combler un ennui supplémentaire à sa vie déjà pathétique ?!

Que les médiocres qui les mettent au point, se les gardent, s'en servent, mais qu'ils ne nous les imposent pas.

L'accroissement technologique sans limites, et surtout sans raison légitimée par la raison de l'intelligence, va créer un perpétuel ennui, grandissant une oisiveté dépressive.

Les gens se tourneront alors vers les « vices », comme les substituts de vie fournis par les mondes virtuels, qu'ils soient par les voies « impénétrables » de l'électronique, ou par celles intrusives des drogues.

Ces deux étant similaires puisque le but recherché par leur utilisateur est commun : Se divertir, c'est-à-dire, créer une diversion de son ennui, qu'il provienne de sa condition, ou du monde qui l'entoure, et qui ne correspond pas à ce qu'il voudrait qu'il soit.

Ainsi, les véritables dominateurs prendront davantage le pouvoir, puisque ceux qui auraient pu les combattre, les ralentir, les stopper, fuiront, se dissimulant dans ces univers virtuels, fallacieusement formidables, auxquels ils aspiraient, et pour lesquels ils auraient mis en péril leur propre et authentique vie, en auraient défendu leurs idéaux, s'ils avaient vécu dans un monde sans accès au virtuel.

Nous avons précédemment abordé une question sur le pourquoi des mutilations, sur le pourquoi de la nécessité d'étudier biologiquement des animaux (et sans doute, des humains...).

Cela prouve que ces « Aliens » ne connaissent rien en la faune terrestre, mais aussi en les mécaniques biologiques, et même surtout, qu'ils sont ignares et peu équipés, peu outillés pour faire de telles études. En ce domaine, nos connaissances, tant en biologie qu'en technologie appliquée, sont supérieures, du moins, à celles de l'espèce d'« Alien » qui a commis ces atrocités.

Voilà donc ce que nous perdrons, ce que d'autres, soi-disant plus évolués, sont à la recherche, sont en quête, et qui restent dans l'ignorance, l'avantage du biologique.

C'est sans doute l'explication tant recherchée quant aux corps humains en léthargie, branchés de divers tuyaux, vus dans des aquariums emplis d'une substance incolore, par certains témoins...

Nous avons le bénéfice.

Nous possédons encore le patrimoine de l'originel, du plus « Bio », possible.

Hormis nos faiblesses, mais quelle espèce en est exempte, et nos défauts, mais quelle espèce n'a que des qualités, nous, humains terriens, avons plus de chance que ces « Aliens », et sans doute, rien à leur envier sur certains points.

La primordiale question vous est adressée.

C'est celle que vous devriez vous poser si vous êtes un Homme dans son essence la plus noble :

Voulez-vous vraiment que vos enfants ressemblent, du moins esthétiquement, à ces « Gris » ?

De plus, avec l'accroissement de l'évolution de la technologie, nous engendrerons de nouveaux problèmes, de nouveaux fléaux, inconnus jusqu'alors, périphériques, en commençant par l'éthique, les lois appropriées aux interdictions, aux risques et ses limites à ne pas franchir.

Une progression lente de l'évolution n'est pas nécessaire, mais elle est utile et formidable de richesse.

Si nous avions sauté le pas, d'un brutal changement de niveau de technologie, par enchantement ou par « aide » des « Aliens », dans les années 50 ou 60, vers celui que nous connaissons actuellement, nous aurions perdu l'enchantement de la croissance des connaissances que nous avons connues au fur et à mesure, accumulées au fil du temps de ces décennies.
Blasés d'une part, mais aussi amputés inconsciemment de cette espérance d'une chose meilleure à venir, encore un peu plus évoluée, et qui se manifestaient concrètement en les réalisations graduelles de nos rêves.
L'Histoire est une richesse.

Et surtout, qu'aurions-nous gagné d'avoir sauté ce pas ?
Rien.

Même pas du temps, puisque notre expérience passée nous a implanté une nostalgie, et surtout un faisceau d'expériences vécues, dont nous en tirons le bénéfice d'un changement de vision, de mentalité, une sorte d'ouverture d'esprit, formés d'une manière progressive, et qui n'auraient peut-être pas eu la même résolution, si nous l'avions subie d'une manière soudaine.

Nous serions aujourd'hui, plus en avance technologiquement, mais sans doute pas cérébralement.

Une situation non-vécue, par l'exemple du conseil, même le meilleur qu'il soit, ne sera jamais une expérience, ni même son égale, car, elle ne fournira aucun enseignement, propre à chacun de nous par rapport à sa sensibilité.

Et par dessus tout, une évolution cérébrale n'est pas une garantie d'une parallèle progression mentale quant aux notions de sérénité, de sagesse, et de paix.

Ces dernières seraient même contraintes, voire devenues à la fois ridicules par leur obsolescence, face à cette réalité qui serait alors dénuée de toute fallacieuse espérance sur ce qui n'est pas et qui suscite toujours l'hypothétique chez les idéalistes, et les mystiques de tous poils.

Si vous aviez la certitude que toutes les espèces de l'Univers soient soumises aux mêmes règles de viles proportions et de fonctionnements sociétaux tels que nous les connaissons, nous, humains terriens, depuis l'aube des temps, alors, vous sauriez que la paix est un vain mot dénué de sens, et qu'elle ne peut exister que par de bonnes conventions, entre gens de bonne composition, et ce, étant impossible à réaliser puisqu'il n'en existe guère, ou suffisamment, la seule règle qui resterait, serait l'éternelle maxime :

« Si Vis Pacem, Para Bellum ».

Une évolution n'est pas une évidence de progression.

Et la sagesse est le plus souvent un leurre, elle est l'esclave du facile pragmatisme.

Tâchons de ne pas faire s'accroître le désert neuronal que la plupart d'entre nous a déjà que trop étendu.

Les organismes Supra-gouvernementaux

Pourquoi parler des organismes supra-gouvernementaux ?
Parce que les présidents des états ne savent pas ce qu'il se passe en leur propre pays, ni précisément, ni réellement, ni même pour qui, et dans quels buts.
La défense et la protection de la nation offrent tant de latitudes d'actions, et de justifications à ne pas s'en justifier !
Je parle essentiellement des USA, où les agences « spéciales » ont des départements secrets, plutôt inexistants, autant dans la légalité que dans l'officialité de leur domaine d'activité, et même de leurs financements.
La CIA a ses départements obscurs, comme ceux utilisés pour les complots et les manipulations politiques, qui leur ont valu leur réputation à travers le Monde, au regard de leurs ingérences dans les états sud-américains durant les décennies passées.

Mais, la CIA a un département encore plus non-officiel, absolument secret, comme en font de même la NASA (oui!) et la NSA, même si cette dernière est déjà plus que secrète pour le commun des américains, et même pour les présidents de ce pays...

Les recherches et les applications sont, bien entendu, de l'ordre, au moins, de la défense, et par conséquent, l'armée est de mèche, par l'entremise de la DIA, par exemple.

Comme pour les agences dites civiles, il y a une frange secrète en les départements militaires, et spécialement au sein de la NAVY. Et ce n'est pas nouveau puisque cela date d'au moins, la seconde guerre mondiale.

La NAVY a un statut particulier pour ce pays car il est éloigné et isolé du monde entier, et hormis le fait de faire la guerre contre le Canada ou le Mexique, leurs principales cibles guerrières se trouvent dans des contrées au delà des océans, et donc, l'armée principalement la plus considérée ne peut être que la Marine.

Par exemple, Nicola TESLA avait été « embauché » pour trouver un système pouvant être appliqué aux navires pour les rendre invisibles, aux radars. Rien d'autre.

Mais, l'expérience fut désastreuse, et surprenante.

Les organismes supra-gouvernementaux existent sous différents noms, et en de différentes formes, officieuses puis officielles, et ce, déjà, depuis la création des États-Unis, et même avant d'être devenu une entité étatique, par la Franc-maconnerie...

Les mêmes sales mentalités, et les mêmes affligeantes méthodes expéditives.

L'existence des organisations supra-gouvernementales leur est nécessaire, car les objectifs et les menaces proviennent d'ailleurs que d'une nation terrienne, et qu'ils concernent tous les états (ou presque).

Ces organisations ne peuvent pas répondre au président d'un pays, en l'occurrence des États-Unis, parce qu'il change tous les quatre ans, et qu'après son mandat, il redevient un civil.

Il est impossible de confier, de révéler de tels secrets, même à un président, qui reste, quoi qu'il en soit, à jamais volatil, interchangeable.

Même si on reconnaît la nécessité de telles organisations, qu'elles doivent échapper à la connaissance des hommes politiques, en constant changement de siège, il subsiste une question importante, et inquiétante.

Celle de savoir qui dirige et choisit réellement les stratégies, les objectifs, les directions de ces recherches, bref, qui décide pour nous ?

Et pour quels intérêts ?

Certes, ces paramètres ne sont pas de l'ordre de notre vie quotidienne, mais, il serait énervant de découvrir qu'une ou plusieurs personnes inconnues décident de notre avenir, de l'étendue de nos connaissances, le tout, à notre insu.

Cette inquiétude provient surtout du fait que nous mettons sur un piédestal, la démocratie et sa pseudo transparence, et son choix par le peuple...

Les « Men In Black » existent vraiment, et ce, depuis des lustres, peut-être même avant l'existence officielle de la CIA...

Ils ont la « délicatesse » de faire une sommation au préalable, sans doute pas toujours, celle de faire une visite d'intimidation.

Et pour ceux, peu judicieux, qui n'obtempéreraient pas, alors, le mode de liquidation définitive est entrepris, sous forme anonyme et incognito, soit, par accident, la plupart d'automobile, ou par « suicide » contraint, certes absurde, la plupart du temps par défenestration. Deux méthodes efficaces pour leur classement sans suite systématique, sans autre question, de la part des autorités.

Pour l'amère anecdote, Nicola TESLA a été éliminé par les précurseurs, en manière de faire, de ceux qui auront besoin d'une entité officielle après-guerre, et qui, pour cela, créeront la CIA en 1947.

Je profite de ce chapitre pour dire deux mots quant à la commande faite à Stanley KUBRICK, de la réalisation d'un film censé être les premiers pas de l'Homme sur la Lune.

J'en parle dans ce chapitre parce qu'il a été commandé, et surtout protégé par une ou plusieurs de ces nébuleuses instances supra-gouvernementales.

Depuis l'éventement de cette information sensible, des tas de rumeurs ont pris naissance, certaines sensées en tant que théories, et d'autres totalement ridicules, portant même un préjudice sur nous autres intègres, discréditant nos légitimes interrogations, parce qu'il y aura toujours un agglomérat de débiles qui ne croient que les versions officielles, et qui nous mettront dans le même sac, toutes hypothèses confondues.

Bien sûr, ce genre d'élucubrations confusionnelles sert ces organisations davantage qu'elles ne les perturbent.

En effet, celles-ci les utilisent pour désinformer, et quelle meilleure façon d'user d'intoxications informatives, pourtant reconnaissables par leur approche explicative outrancièrement grotesque.

Inonder le quidam sous une foultitude de détails et de théories, les unes plus absurdes que les autres, et la bonne est noyée, quasiment impossible à déceler. C'est la seule stratégie efficace en de telles circonstances où la vérité a été découverte, dévoilée, ou trouvée par déduction ou recoupements.

Le discrédit est jeté tous azimuts, pour rendre ridicules nos propos.

Bref, le fait a été discouru selon lequel les astronautes n'auraient pas aluni, et ce, puisqu'il y a l'existence d'un film recréant ledit subterfuge, et démontrant son induite raison d'être.

C'est ridicule, parce que ce point n'est pas la raison de la commande de ce film gardé secret.

En pleine guerre froide, où les courses à l'armement et à l'Espace mettaient en concurrence l'URSS et les USA, ces derniers ne pouvaient se permettre un échec, notamment après la défaite subie précédemment au titre du premier Homme dans l'Espace.

Le risque d'insuccès était double, d'une part, la réalisation de l'exploit, et d'autre part, à la fois, de montrer une preuve visuelle et d'en faire une attraction médiatique exceptionnelle.

Si un accident avant l'alunissage était difficilement dissimulable au Monde, et encore, les moyens de communications et de surveillances étaient très réduits en ce temps là, tant en qualité qu'en présence, il était impératif de pouvoir montrer quelque chose, notamment parce que l'événement devait être diffusé mondialement en direct.

Et comme les moyens techniques, autant de filmage que de transmission, étaient à leurs balbutiements, et surtout une première en de telles conditions extra-ordinaires depuis la Lune, les Américains ne pouvaient laisser les téléspectateurs du Monde sur leur faim, en cas de défaillance matérielle.

Un tel insignifiant incident aurait gâché le plus grand événement de l'Humanité, et les aurait quelque peu ridiculisés.

Il leur fallait un film de substitution en cas de problème technique, de filmage ou de diffusion en direct. Point.

Donc, rien de bien mystérieux.

C'est logique, et n'importe qui de sensé et de responsable aurait fait de même en de telles circonstances, et en aurait gardé le secret. Évidemment.

Cet exemple est riche d'enseignement sur les appréciations et les précautions à prendre au vu de circonstances étranges.

Ce n'est pas parce que c'est secret, parce que ce n'est pas commun, que cela cache forcément un mystère, d'autant plus un « complot ».

Par ailleurs, pensez bien que s'il y avait eu supercherie quant à la réalité des premiers pas de l'humanité sur la Lune, cela n'aurait pas échappé à l'œil de Moscou, et les russes d'alors, l'auraient ouvertement dénoncée pour dénigrer les USA, au titre du plus grand mensonge de tous les temps.

L'absolue nécessité de conserver secrète toute information relative à l'existence des « Aliens »

En se basant sur l'histoire connue de l'Humanité depuis des dizaines de siècles, nous pouvons agréer qu'environ 80% du genre Humain a été et reste stupide, vil, quelconque, minable, mauvais, méchant, du moins, médiocre, et ce, quelle que soit la civilisation, et son degré d'évolution.

Rappelons-nous Socrate, trop intelligemment honnête pour le reste de la population, incluant les hommes politiques d'alors, ayant entrevu déjà les limites de la démocratie par rapport au (ca)niveau de moralité de ceux-là, il a été obligé de se suicider, par décret public.

Quelle vomissure !

Quelle abjection morale de la part de l'Humanité, et plus exactement, de la part de l'exemple de la parfaite société humaine.

Et si les « Aliens », ne serait-ce qu'une espèce, avaient un quelconque bon sens en matière de noblesse d'esprit, ils nous auraient déjà catalogués, nous laissant, sans doute, le temps de l'opportunité, de nous transformer en une meilleure composition.

Et il faut bien avouer, que c'est raté.

Puis, ils ont dû croire que la technologie ferait son office, de moteur d'élévation mentale.

C'est tout aussi raté.

Si les « Aliens » avaient voulu nous aider, je veux parler pour les 20% qui restent, et les seuls qui en valent la peine, ils l'auraient fait.

S'ils n'ont pas agi, c'est bien qu'ils ont leur raison, quelle qu'elle soit, sans la juger.

Il faut admettre que, s'ils sont un tant soit peu intelligents en matière de valeurs nobles, ils ne nous jugeraient pas par rapport à notre niveau technologique, et donc, si nous avions été dignes de confiance et de respect, ils ne nous mépriseraient pas, autant.

Donc, s'ils nous visitent, et qu'ils nous estiment d'une manière perspicace, comme médiocres et insignifiants, et qu'ils sont curieux à notre égard, peut-être même déçus, mais lassés de notre non évolution en matière d'authentique intelligence appliquée à la noblesse d'esprit, l'honnêteté, et qu'ils se prémunissent de tout contact, et s'il est plus que probable qu'ils aient des bases sur « notre » planète, il relève qu'ils veulent être tranquilles, et ne pas être dérangés.

Et pour ce faire, quoi de mieux que l'incognito, de la façon la plus efficace et la plus parfaite, celle de la non existence, de la non connaissance de l'existence par autrui ?!

Ils ont bien raison.
Quand on voit que des débiles hantent frénétiquement des lieux pour entrevoir des célébrités, parfois éphémères et sans aucun talent que celui d'être, créant un marketing touristique, alors, il est certain que nous retrouverions encore plus de débiles pour aller voir ces « Aliens », si la certitude quant à leur existence était avérée, et encore plus si elle était officiellement divulguée...

Sans compter toutes les questions auxquelles, harcelés, ces « Aliens » auront à répondre, allant des plus intéressantes aux plus stupides, en passant par les plus saugrenues.

Par ailleurs et surtout, le Monde économique international subirait un black-out, et les Mondes religieux seraient en danger, notamment leurs représentants, en une violente remise en question de la part de leurs adeptes.
Un flottement idéologique s'installerait, aggravant le fossé qui sépare les sensés des fanatiques.
Malgré l'évincement de l'incertitude sur les notions divines, ce bouleversement sera reproché, renié, refusé, faisant regretter à certains le bon vieux temps de l'obscurantisme actuel, pestant contre ceux qui auront osé révéler la vérité, puisque la difficulté de la

Vie aura été exacerbée par l'évanouissement des espérances.

Tels certains russes regrettant l'« admirable » époque soviétique.

Simultanément à ce chamboulement émotionnel, une incommensurable attente de solutions, de résolutions à nos problèmes, et d'espérances omnidirectionnelles, seront émises à leur endroit.

Résoudre tous les maux de l'Humanité sera leur peine.

Bref, une tâche d'un dieu.

Plutôt d'un esclave, d'un serviteur, contraint à des tâches rébarbatives, et ingrates.

Nous ne pourrons qu'en être déçus, face à tant d'attentes, dans tous les domaines de nos questionnements existentiels.

Mais par dessus tout, vouées à l'échec.

Si vouées à l'échec puisque c'est de la nature même de l'Homme qu'il serait question.

Nous serions face à notre atavique mur, nous apercevant alors qu'il n'y a point de salut, de solution miracle provenant de la technologie.

Nous prendrions conscience que nous sommes ce que nous sommes, réellement et authentiquement médiocres, sans aucun espoir d'amélioration et donc, de notre sort de moribonds cloués à nos sabots.

Certains ne l'acceptent déjà pas, se raccrochant à la sacro-sainte notion de l'hypothétique, et de leur insatiable bonté, assortie d'une divine récompense.

Mais, s'ils en avaient la parfaite et indiscutable démonstration et preuve ?

Alors, de là, naîtrait le chaos, une situation bien plus grave que celle dans laquelle nous nous baignons depuis des siècles.

Et cette majorité déçue du peu de moyens mis en œuvre par ces sauveurs de l'Humanité, se rebelleront, et décréteront qu'ils sont nos ennemis, puisqu'ils n'ont pas agi en « ami », et ce, même s'ils ne nous doivent rien.

Donc, quel serait l'intérêt de révéler ?

Cela n'apporterait absolument rien à la plus grande majorité des personnes, si ce n'est à nous autres, les quelques rares dotés de neurones, et nantis de divines et d'élégantes curiosités.

Et puis, il faut bien l'avouer, 99,99% de la population serait ravie de connaître l'existence des "Aliens", uniquement par intérêt, celui égocentrique poussé par l'espoir du gain des avantages que leur technologie si avancée leur procurerait.
Rien d'autre.
Rien d'Humaniste, rien de noble, de grand, ni même par curiosité scientifique ou spirituelle.

Si les « Aliens » ne sont pas décidés à nous aider de leur propre chef, alors, il n'est point besoin de les harceler, de les mendier, de les supplier.

Et s'il était une solution à apporter, je doute forte qu'elle plaise à tous, et je parie même tout ce que j'ai, qu'elle déplairait au plus grand nombre des humains terriens.

En effet, elle est édictée depuis des décennies, et malgré sa noblesse d'objectif, sa connaissance a propagé plus de ressentiments que de respect.
Certes, les moyens pour y parvenir sont radicaux, mais comment agir différemment face à un tel nombre de grouillants nuisibles ?
« ELBERTON GuideStones » est la seule solution parce qu'elle est la bonne, parce que ses objectifs sont nobles, justes et intègres.

Si ses détracteurs avaient été intelligemment et moralement intègres et propres, comme ils se prétendent l'être, c'est la voie qu'ils suivraient.
La critiquant d'une manière nombriliste, c'est bien que ceux-ci en sont le contraire, et qu'ils ne valent que la destinée qui leur est réservée.

Mettre en place et imposer une dictature est la meilleure des solutions quand on est confronté à de la vermine, telle que l'est l'Humanité à 80%, ou du moins à plus de 49,99%.

Donc, si, de surcroît, les « Aliens » sont du dogme du « Bien », cette dictature sera de cet acabit.

Sachant cela, voulez-vous donc toujours que les « Aliens » se mêlent de vos affaires ? »

A en voir l'immense espérance et espoir que fondent certains d'entre nous, humains terriens, en les « Aliens », en ce qu'ils peuvent nous apporter, que cela soit sous forme spirituelle que matérielle, mentale que technologique, il y a de fortes probabilités qu'ils soient confrontés à la plus grande désillusion de leur vie, et même de l'existence, d'un montant équivalent à celui que nous nous faisons de dieu, quel qu'il fut, et que nous avions soudainement l'irréfutable preuve qu'il n'existe pas, ou qu'il n'est pas si bon que cela.

Pour reprendre Nino, nous pourrions parler de « Désabusion ».

Pour eux-mêmes, il vaut mieux qu'ils demeurent dans l'ignorance, dans leur candeur, plutôt que de sombrer dans la connaissance.

Cette dernière n'est pas à portée de reconnaissance, et d'acceptation de tout le monde.

Pour finir, nous allons aborder ce qu'il y a de plus inquiétant.

A en croire les témoignages relatifs aux réactions des personnes, lorsqu'elles ont été mises dans cette confidence de l'existence réelle d'autres entités, le retour est plus que préoccupant, voire alarmant et effrayant.

Tous relatent des sanglots, des pleurs, même de la part de personnes bien bâties et formées d'expériences de choses ardues.

Tel le président Jimmy CARTER, ou des hommes des services secrets...

En revanche, et c'est bien le plus inquiétant, aucun témoignage quant à des attitudes de réjouissance, de gaîté, de soulagement, de bonheur, de félicité, de grâce, de communion.
Jamais.
C'est pour dire à quel point, cette vérité n'est peut-être pas si bonne à savoir, si bonne à vivre, du moins si nous voulons continuer à exister, à subsister certes benoîtement, mais d'une certaine manière, naïvement heureuse et mentalement confortable.

Toutes les vérités ne sont pas bonnes à révéler, du moins, comme pour l'humour, à partager avec n'importe qui, avec tout le monde.

L'imbécile reste heureux...
Ce n'est peut-être pas si idiot de l'être... ou de décider d'en être.

Gardez-vous de bien réfléchir avant de vouloir savoir, il est préférable de ne pas se décider sur un coup de tête.

Laissez les tranquilles, soyez patients.

Pour finir, avez-vous besoin d'une version officielle pour savoir qu'ils existent ?

Avez-vous réellement besoin qu'une personne, peut-être plus stupide que vous, mais simplement badgée et gradée, vous dise ce qui est, et ce qui n'est pas ?

De plus, déclamée par un groupe de personnes dont vous connaissez parfaitement leurs malhonnêtes et intéressées méthodes de faire, et leur propension innée au mensonge ?

Si vous avez réellement besoin de discours de la part de ce type d'individus, c'est bien que vous ne valez même pas ce que ces personnes vous méprisent.

Quelle que soit leur évolution,
dans quelque domaine que ce soit,
les solutions à nos problèmes ne proviendront pas
des « Aliens »,
ni d'« Outre Terre, Système Solaire, Espace ».

About the author

Laurent A. C. GRANIER is a French author, an eclectic writer, of philosophy as much as movie scenario or concept of Reality TV.

He is Master Philosopher as well as Theoretician.

His other books talk about different subjects.

One about the possibility of the existence of God by the mathematical reasoning, another one about a new theory treating the Dinosaurs extinctions by an increase of Gravity, and another one about the theory of Relativity vs. Quantum Mechanics.

In this last field, Laurent GRANIER is the one who has found the Einstein's mistake about his theory of Relativity, and his other one about Quantum Mechanics.

As an inventor, he holds more than 25 patents. E.g. the "Bank Gift Card" is his invention.

Since he is an expert in intellectual property, he wrote a book : "Patent Rights: Aberrations, Lures and Scams", denouncing the big mistakes and the fake rights and laws of Patent system.

In addition, he is a designer.

His capacity to analyze deeply everything enables him to find a solution to (almost) any problem.

Laurent GRANIER is a sensitive, open minded auto-didact.

Open eyes, open ears, he never keeps quiet in front of injustice, fighting it everywhere."

He is the founder of the NGO foundation « ANOTOW – Another Tomorrow ».

This book has been written by Laurent A.C. GRANIER,
Work protected by Bern Convention Laws
about Intellectual Property.

All rights reserved and exclusive
for a part or the entire text, in any language,
for the story and for the idea.

First edition of French version.

Printed in 2016.

Première édition en français de la version originale.

Imprimé en 2016.

The Cocker Publisher

www.thecockerpublisher.com

courriel : contact@thecockerpublisher.com

Copyright © 2016 Laurent A.C. GRANIER.

All rights reserved.

ISBN: 978-2-9515070-6-7

ISBN-13: 9782951507067

Impression : BoD - Books on Demand Norderstedt, Allemagne